KB119551

세상에서
가장 빠른
돈 공부

'ZERO KARA HAJIMERU! OKANE NO SHIKUMI MIRUDAKE NOTE'

supervised by Ryota Ito

copyright ⓒ Ryota Ito 2019

All rights reserved.

Original Japanese edition published by Takarajimasha, Inc., Tokyo.

Korean translation rights arranged with Takarajimsha, Inc. through Tutti-Mori Agency, Inc.,

Tokyo and Amo Agency, Seoul.

세상에서 가장 빠른 돈 공부

보도사 편집부 지음 | 우용표 국내 감수 | 정소영 옮김

2시간이면
머리에 쏙!

위즈덤하우스

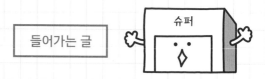

돈과 좋은 관계를 맺는 방법,
이제는 배워야 한다!

돈이 없어 쩔쩔매는 사람이 있는가 하면 지금보다 더 부자가 되기 위해 애쓰는 사람도 있다. 돈은 자유를 주고 욕망을 충족시키는 만능 티켓과도 같다. 무언가를 갖고 싶을 때 갖고 싶은 만큼 살 수 있다면 그 이상의 행복은 없다.

하지만 아무리 돈이 있는 사람이라도 끝없이 욕심을 부린다면 돈은 순식간에 사라지고 만다. 반면 지금 당장 돈이 없어 곤란에 처한 사람이라도 매일 생활 속에서의 사소한 욕망을 억제할 수 있다면 10년 후나 20년 후에는 어느 정도 자산이 형성될 것이다. 돈은 쓰는 법뿐만 아니라 돈과 관계를 맺는 일도 중요하다. 파이낸셜 플래너의 도움을 받아도 좋다. 파이낸셜 플래너는 가계의 생활 지원이나 기업의 경영 지원에 참여하고 있는데, 그 지원 활동의 핵심은 돈과 좋은 관계를 맺는 방법을 정리하는 것에 있다.

돈과 친해지기 위해서는 우선 돈의 구조를 알아야 한다. 이 책은 돈의 기원부터 이상적인 머니 플랜과 최신 비즈니스 모델까지 다방면에 걸쳐 돈의 구조에 대해 소개한다. 그리고 가상화폐나 핀테크 등 최신 금융 용어도 해설한다. 풍부한 일러스트와 간결한 문장으로 쓰여 있어 돈에 대해 배우고 싶지만 어렵게 생각하던 사람에게 도움이 되는 내용으로 구성했다.

교육 과정에서는 금융 교육을 제대로 다루지 않기 때문에, 돈에 대해 아무것도 모른 채 사회인이 되는 사람이 많다. 어쩌면 돈에 대해 잘 모르는 게 당연한 일일 수도 있으니 지금부터 시작해도 전혀 늦지 않다.

돈의 구조는 알면 알수록 매우 흥미롭다. 돈에 대한 지식이 있으면 쉽게 휘둘리거나 속는 일도 없을 것이다. 오히려 그 지식 덕분에 돈이 차곡차곡 쌓이게 될 수도 있다. 이 책이 여러분에게 도움이 되기를 바란다.

Contents

Chapter03
다양한 방식의 일과 돈의 관계

Chapter04
예기치 못한 사건에 대비하는 돈 알기

돈을 알아야
세상이 보인다

우리가 평소에 아무렇지 않게 쓰는 돈.

언제 생겨났는지 어떻게 만들어졌는지 알고 있는가?

우선 돈과 관련된 기초 지식을 배워보자.

돈 공부 ❶

01 돈은 어떻게 생겨났을까?

먼 옛날에는 돈이 존재하지 않았다. 본격적으로 돈 공부를 시작하기 전에 돈이 어떻게 생겨났는지 먼저 살펴보자.

갖고 싶은 물건이 있을 때 우리는 돈을 내고 구입한다. 돈이 없던 시절에는 물건을 서로 바꾸는 것, 즉 **물물교환**으로 필요한 것을 얻었다. **물물교환은 거래가 성립하는 데 시간이 걸리고 서로의 욕구가 일치하기도 어렵다.** 그래서 등장한 것이 **쌀이나 옷감과 같은 물품화폐다.** 이는 누구에게나 보편적인 가치를 지니고 있었으며, 날것에 비해 보존이 용이했기에 물물교환의 매개로 돈과 같은 역할을 했다. 이러한 물품화폐가 돈의 기원이 되었다.

거래가 이루어지기 어려운 물물교환

고기 팔아요!

생선이 필요한데.

생선은 필요 없는데.

쌀

옷감은 필요 없어.

된장 있어요!

힝….

생선 사세요!

하나도 못 바꿨잖아.

one point

물물교환을 하기 위해서 사람들이 광장에 모였다. 그러나 사회가 발달하면서 수많은 물건을 일일이 필요한 사람끼리 제대로 교환하는 일은 불가능해졌다.

그러나 물품화폐 또한 시간이 지나면 상하곤 했다. 그래서 중국에서는 조개 껍데기를 교환의 매개로 사용하다가 **더욱 단단하고 오래 쓸 수 있는 금이나 은으로 만든 화폐가 등장했다.** 그러나 금속화폐는 대량으로 들고 다니기가 불편했던 탓에 이를 보관하는 대신 보관증을 주는 환전상이 나타났다. 이것이 지폐와 은행의 시작이다. 한편, **오늘날의 화폐는 사용자들이 그 가치를 믿는 '신용'을 바탕으로 운용되고 있다.**

물품화폐의 등장으로 쉬워진 거래

돈 공부 ❶

02 돈에는 세 가지 역할이 있다

평소에 별생각 없이 쓰는 돈에는 세 가지 역할이 있다. 포인트를 하나씩 짚어보자.

돈이 처음 나타난 시기, 돈은 물물교환의 매개 수단이었다. **무언가를 사고판다는 것은 '교환'을 의미**한다. 바로 **돈의 첫 번째 역할**이다. 두 번째는 물건의 가치를 나타내는 척도로서의 역할이다. **돈으로 사물의 가치를 수치로 나타낼 수 있다.** 예를 들어 '귤 1개는 100원, 사과 1개는 200원'이라고 값을 매기면 어느 쪽이 가치가 높고 낮은지 판단할 수 있다.

돈의 세 가지 역할은?

❷물건의 가치 척도

특수 로봇은 2,000원

일반 로봇은 1,000원

2,000원 1,000원

❶교환

생선 주세요.

또 오셨군요!

1000

생선

❸가치를 축적한다

100

빨리 내 집을 사야지!

돈의 가치는 발행하는 국가의 신용도에 따라 변한다

그리고 세 번째는 가치를 축적하는 기능이다. **고기나 생선은 상했을 때 가치가 떨어지지만, 돈의 형태라면 가치를 쌓을 수 있다.** 일정 금액을 매달 저축하고 어느 정도 모이면 여행을 갈 수 있는 것도 돈이 있기 때문에 가능하다. 단, 돈의 가치는 '신용'이 없으면 성립하지 않는다. 신용을 잃으면 돈의 가치는 폭락할 수도 있다.

돈의 장점

🌐 **가지고 다니기 편하다**

물품화폐는 들고 다니기 불편하다. 가볍고 튼튼한 지폐는 획기적인 발명으로 꼽힌다.

무… 무거워!

쌀과 바꾼다면 정확히 소 한 마리가 됩니다만.

2,000원입니다.

그래!

계산

1,000원씩 나눠 내자!

반반으로 나눌까?

불가능해.

🌐 **작게 나눌 수 있다**

물품화폐와 달리 돈은 최소 단위로 표시할 수 있어 거래하기가 훨씬 수월하다.

15

돈은 세상을 돌고 돈다

돈공부❶
03

돈은 쓰는 것으로 끝나지 않는다. 내가 쓴 돈이 어디로 흘러가는지 흐름을 살펴보자.

예를 들어, 햄버거 가게에서 햄버거를 샀다고 가정해보자. 지불한 돈은 가장 먼저 햄버거 가게에 들어가지만 일부는 빵이나 패티를 공급한 공장에 들어간다. 일부 돈은 가게 직원들의 월급으로 사용되거나 매장의 임대료 등으로 사용되기도 한다. 그리고 빵 공장이나 패티 공장에서는 햄버거 가게에서 들어온 돈으로 직원에게 월급을 준다. **이렇게 돈은 세상 이곳저곳을 돌아다닌다.**

세상 곳곳을 돌아다니는 돈

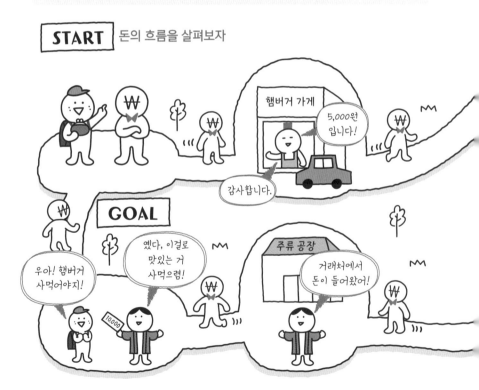

또 햄버거 가게에서 구입한 햄버거의 값에는 부가가치세라는 세금이 포함되어 있다. 부가가치세는 햄버거 가게가 받은 다음 국가에 납부한다. **국가는 모인 세금으로 각종 복지 정책 등을 시행함으로써 사회에 환원한다.** 그리고 사회로 환원된 돈의 일부는 세금의 형태로 다시 국가로 되돌아간다. 이것을 경제학에서 '**경제 순환**'이라고 부르는데, 돈의 흐름을 살펴보는 데 매우 중요하다.

One point

돈은 항상 사람에서 사람으로 전해진다. 시장으로 흘러 들어가는 돈뿐만 아니라 부가가치세와 소득세 등 세금으로서의 흐름도 있다.

물건의 가격은
어떻게 정해지는가?

가격은 물건을 살 때 가장 민감하게 신경 쓰이는 부분이다. 가격은 어떻게 정해지는 것일까?

물건의 가격은 **수요와 공급**에 의해 결정된다. **수요는 소비자가 상품의 구매를 원하는 양이고, 공급은 생산자가 상품을 제조하는 양이다.** 공급이 적고 수요가 많을 경우, 가격이 조금 비싸더라도 구매하려는 사람이 있기 때문에 상품이 팔릴 수 있다. 반대로 공급이 많고 수요가 적은 경우에는 공급하는 측이 물건을 조금이라도 더 팔기 위해 가격을 낮춘다.

수요와 공급의 관계

장기적으로 보면 수요와 공급은 자연스럽게 균형을 이룬다. 예를 들어 공급이 적고 수요가 많을 경우, 공급자는 돈을 더 벌기 위해 상품의 공급을 늘린다. 그러면 공급이 늘어나 수요를 웃돌면서 가격이 내려간다. 그 반대도 마찬가지의 움직임으로 공급과 수요 사이에 적절한 수준의 가격이 형성된다.

수요와 공급은 곧 안정된다

돈 공부①

05

화폐는 현금만 있는 것이 아니다

세상이 진보하면서 돈도 점점 발전하고 있다. 현금이 아닌 통화의 구조를 살펴보자.

우리가 알고 있는 돈의 형태로는 동전과 지폐가 있는데, 그 외의 종류도 있다. 대표적인 것이 **신용카드**다. 신용카드는 가입 심사를 거쳐 일정한 기준을 충족시키지 못하면 이용할 수 없다. 신용카드로 구입하면 카드 회사가 대금을 일시적으로 대신 지불하는 구조로 되어 있어, **이를 나중에 갚을 수 있는 신용 능력이 중요하기 때문이다.**

생활을 편리하게 해주는 신용카드

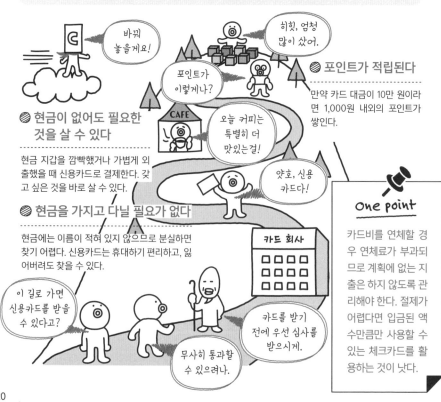

바꿔 놓을게요!

히힛, 엄청 많이 샀어.

포인트가 이렇게나?

● 포인트가 적립된다

만약 카드 대금이 10만 원이라면 1,000원 내외의 포인트가 쌓인다.

● 현금이 없어도 필요한 것을 살 수 있다

현금 지갑을 깜빡했거나 가볍게 외출했을 때 신용카드로 결제한다. 갖고 싶은 것을 바로 살 수 있다.

오늘 커피는 특별히 더 맛있는걸!

야호, 신용카드!

● 현금을 가지고 다닐 필요가 없다

현금에는 이름이 적혀 있지 않으므로 분실하면 찾기 어렵다. 신용카드는 휴대하기 편리하고, 잃어버려도 찾을 수 있다.

이 길로 가면 신용카드를 받을 수 있다고?

카드 회사

one point

카드비를 연체할 경우 연체료가 부과되므로 계획에 없는 지출은 하지 않도록 관리해야 한다. 절제가 어렵다면 입금된 액수만큼만 사용할 수 있는 체크카드를 활용하는 것이 낫다.

무사히 통과할 수 있으려나.

카드를 받기 전에 우선 심사를 받으시게.

현금 이외의 통화로 **전자화폐**가 있다. 이는 현금을 통화 데이터로 변환한 뒤, 데이터 통신을 통해 결제한다. 신용카드처럼 **먼저 쓴 금액을 나중에 납입하는 후불 방식과 필요한 금액을 미리 충전해서 쓰는 선불 방식이 있다.** 카드나 단말기에 갖다 대기만 하면 서명을 하지 않아도 쇼핑이나 대중교통 이용이 가능해 보급이 진행되고 있다.

선불 방식과 후불 방식

돈 공부❶

06

가상화폐에는
어떤 이점이 있는가?

가상화폐는 인터넷에서 쓸 수 있는 새로운 돈의 형태이다. 기존의 통화
와 어떤 점이 다른지 살펴보자.

기존의 화폐는 국가가 가치를 보증하는 데 반해, **가상화폐**는 인터넷에서 서비스
나 상품을 거래하는 사람들 사이의 신뢰를 바탕으로 만들어졌다. 기존의 화폐도
신용을 잃으면 그저 금속이나 종이에 불과한 것처럼, **가상화폐 또한 모두의 신용
이 있어야 쇼핑을 하거나 원이나 달러로 교환할 수 있다.**

지금까지의 돈과 가상화폐의 차이

지금까지 돈은 국가와 은행에서 관리했다

가상화폐가 돈으로 가치를 인정받을 수 있는 이유는 블록체인이라는 기술 때문이다. 이는 참가자 전원이 데이터를 관리하는 기술로, 가장 잘 알려진 가상화폐 **비트코인**이 이 기술을 통해 처음으로 도입되었다. **디지털 데이터는 간단하게 복사하거나 조작할 수 있지만, 블록체인은 부정행위가 반드시 드러나기 때문에 신뢰를 얻을 수 있다.**

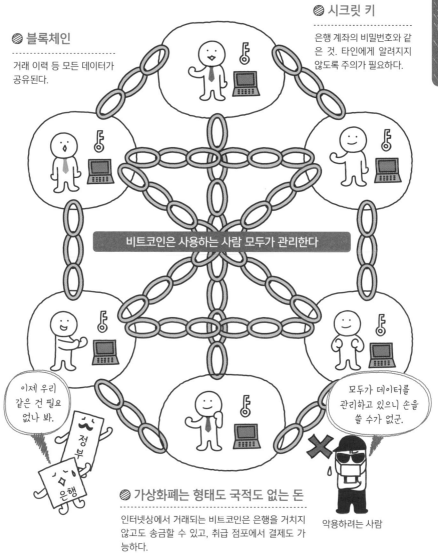

◎ 시크릿 키

은행 계좌의 비밀번호와 같은 것. 타인에게 알려지지 않도록 주의가 필요하다.

◎ 블록체인

거래 이력 등 모든 데이터가 공유된다.

비트코인은 사용하는 사람 모두가 관리한다

이제 우리 같은 건 필요 없나 봐.

정부

은행

모두가 데이터를 관리하고 있으니 손을 쓸 수가 없군.

악용하려는 사람

◎ 가상화폐는 형태도 국적도 없는 돈

인터넷상에서 거래되는 비트코인은 은행을 거치지 않고도 송금할 수 있고, 취급 점포에서 결제도 가능하다.

돈 공부 ❶

07 돈은 점점 진화한다

테크놀로지의 발전에 따라 돈과 관련된 사업이 혁명적으로 변화하고
있다.

가상화폐의 등장으로 돈의 개념이 변화하고 있다. **핀테크**^{Fintech}**란 금융**^{Finance}**과
기술**^{Technology}**을 합친 조어**로, 앞서 언급한 가상화폐뿐만 아니라 IT 기술을 구사
하는 돈에 관한 새로운 서비스를 지향한다. 예를 들어 스마트폰 앱을 통한 결제
나 인공지능^{AI}을 이용한 자산 운용, 인터넷을 통한 국외 송금 등이 핀테크에 포함
된다.

핀테크가 등장하기 전까지의 현대 화폐의 역사

핀테크는 앞으로 더욱 발전할 것이다. 그러나 돈에 관한 서비스를 새롭게 선보이기란 쉽지 않다. 우선 **기존의 금융 서비스를 규정하던 각종 법률을 정비하고 규제를 하나씩 해결해야 한다.** 쉽게 바뀌지 않는 사람들의 습관이 문제가 되기도 한다. 무조건 현금만 쓰려는 사람도 일부 있기 때문이다.

핀테크로 세상이 더욱 편리해지다

핀테크는 이미 시작되었다

모바일 앱을 이용한 은행 간의 이체, AI를 통한 자산 운용, 네트워크 이용자를 위한 대출 등 핀테크는 이미 실용화되고 있다.

일을 많이 한다고
돈을 많이 버는 것은 아니다

사람이라면 누구나 돈을 많이 갖거나 맛있는 음식을 먹고 싶은 욕구가 있을 것이다.

그렇다면 어떻게 해야 욕구를 채울 수 있을까? 밤 늦게까지 일하고 주말도 없이 출근해서 이마에 땀이 나도록 일하면 월급을 많이 받을 수 있을까?

안타깝게도 열심히 일해서 많은 돈을 벌 수 있다는 것은 환상에 불과하다. 왜냐하면 일하는 행위 자체에 가치가 있는 것이 아니라 '일한 결과'에 가치가 있기 때문이다.

예를 들어, 휴일을 반납하고 일을 하는데도 계약을 해내지 못하는 영업 사원과 매일 여유를 부리며 노는데도 계약을 많이 얻어내는 영업 사원이 있다고 가정해보자. 두 사람 중에서는 후자가 돈을 훨씬 많이 벌 것이다. 두 사람의 수입은 회사가 만든 물건이나 서비스를 얼마나 많은 돈과 교환하는 계약으로 이끌어 냈는지에 따라 차이가 난다. 노동 시간은 관계가 없다(노력은 필요하겠지만 말이다).

이것이 노동 가치의 본질이며, 이러한 원리는 모든 경제 활동에 예외 없이 적용된다.

우리 삶과 밀접한
돈 이야기

결혼, 출산 그리고 육아.
우리는 태어나서 죽을 때까지 돈과 떼려야 뗄 수 없는
관계를 맺고 있다. 이 장에서는 우리의 인생 주기와
관련된 돈에 대해 생각해보자.

돈 공부❷

01 저축을 해야 하는 이유

돈은 우리의 삶과 밀접한 관계를 맺고 있다. 벌고 쓸 뿐만 아니라 돈을 어떻게 모을지에 대한 전략을 세우는 것도 중요하다.

1975년 한국인의 평균 수명은 남성이 60.3세, 여성이 약 68.2세였으나 2018년에는 남성이 약 79.9세, 여성은 약 85.7세로 크게 늘었다. **노후에 필요한 돈 또한 수명이 늘어난 만큼 확실히 증가하고 있다.** 젊은 사람은 열심히 일할 힘이 있지만 체력이 쇠약해진 노인은 돈을 벌기가 어렵다. 따라서 노후를 위한 재원 마련을 위해 저축이 필요하다.

인생에는 돈과 밀접한 이벤트가 있다

저축은 노후자금을 마련하기 위한 것만은 아니다. 살다 보면 결혼이나 내 집 마련 등 다양한 **인생의 이벤트**를 마주하게 된다. 이때 큰 지출을 충당하기 위해서는 매달 수입에서 조금씩 모아두어야 한다. 최소한 **3~6개월 정도의 생활비를 저축해두면 좋다.**

One point

우리가 항상 건강하게 일하며 살아갈 수는 없다. 사고나 질병 등 예기치 못한 일을 당할 수 있으므로 저축을 꼭 하자.

돈 들 일이 많네!

이직

결혼

사고

출산

주사위 놀이

주택 구입

맞벌이

육아

집은 아파트? 주택?

돈 공부❷
02

이상적인 저축 방법

일반적인 근로자가 얼마나 저축을 하는지 알고 있는가? 저축의 기본과 요령을 잘 알아두자.

저축이 중요한 건 사실이지만 너무 극단적으로 절약할 필요는 없다. 그러나 대한 민국의 가계순저축률은 2019년 기준 6%로 매우 낮은 편이며, 은퇴 이후 안정적 인 생활을 유지하려면 가계순저축률이 20% 정도는 되어야 한다는 조언이 있다. **매월의 수입과 지출이 거의 비슷해서 남는 게 없다면 보너스를 저축으로 돌려서 연수입의 20%를 저축 목표로 설정하자.**

나에게 쓰는 비용 점검하기

주거비

전기세

교육비

의복비

자동차 관련 비용

식비

반려동물 비용

💿 수지 계산은 저금의 기본

저축을 위해서는 자신의 수입이 얼마인지, 지출은 얼마나 하는지 등 현재 수입을 고려해서 어느 정도의 지출을 했는지 등을 파악 하는 것이 중요하다. 실제로 얼마나 들었는지 계산해보자.

자녀를 키우는 가정에서는 식비와 교육비 등으로 지출이 늘어나 저축할 여유가 없다고 흔히 말한다. 그런 시기에는 무리하지 말고 **모으기 쉬운 시기에 저축액을 늘려 평균 20%로 정해보자.** 쓸 것을 다 쓰고 남는 돈을 모으겠다는 식으로는 저축하기 어렵다. 수입이 생기면 저축부터 하고 남는 돈으로 생활하는 것이 저축의 비결이다.

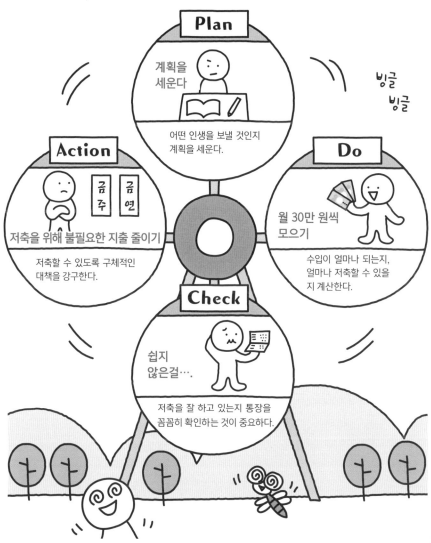

라이프 플랜의 PDCA 사이클

Plan

계획을 세운다

어떤 인생을 보낼 것인지 계획을 세운다.

빙글 빙글

Action

금주 금연

저축을 위해 불필요한 지출 줄이기

저축할 수 있도록 구체적인 대책을 강구한다.

Do

월 30만 원씩 모으기

수입이 얼마나 되는지, 얼마나 저축할 수 있을지 계산한다.

Check

쉽지 않은걸….

저축을 잘 하고 있는지 통장을 꼼꼼히 확인하는 것이 중요하다.

돈 공부②
03

돈이 없을 때는 일시불로 결제하는 편이 낫다

계획대로 돈을 썼다고 생각했지만, 월급날이 되기도 전에 돈이 바닥나기 일쑤라면? 그럴 때는 신용카드를 현명하게 사용해보자.

월급날을 눈앞에 두고 통장을 확인해보면 잔고는 0. 이때 도움이 되는 것이 바로 신용카드다. 신용카드 회사의 현금 서비스, 할부, 리볼빙(사용한 카드 대금 중 일정 비율만 결제하면 나머지 금액은 대출로 전환되어 자동 연장되는 결제 방식) 등의 서비스가 있다. 그러나 금리가 높고 수수료가 비싸니 주의해야 한다. **신용카드를 현명하게 사용하려면 수수료가 없는 일시불이 기본이라는 점을 기억하자.**

신용카드 지불의 종류

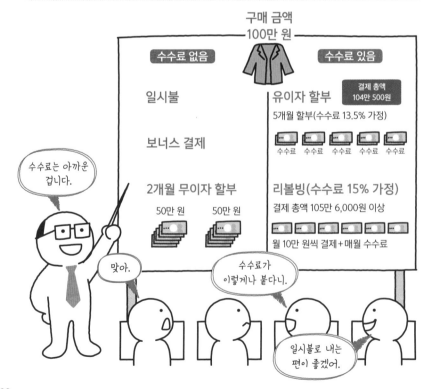

일시불 결제는 수수료가 들지 않는 데다 포인트도 적립된다. 예를 들어, 옷가게에서 **10만 원짜리 옷을 카드로 일시불 구매를 했다고 가정해보자. 그 10만 원은 카드 회사가 옷가게로 대신 지불하는데, 전액이 아닌 일부만 지급된다. 카드 회사가 옷가게로부터 1%~2% 내외의 수수료를 받고 있다는 뜻이다.** 그리고 그 일부를 카드 회원에게 포인트로 환원해준다.

신용카드 회사의 이익 체계

04

결혼에 드는 비용은 얼마인가?

결혼은 인생에서 가장 큰 이벤트다. 결혼식과 신혼여행, 이후의 생활 등을 위해 막대한 지출이 생길 수밖에 없다.

어느 정도 나이가 들면 결혼해서 가정을 꾸리게 되지만, 오늘날에는 비용이 많이 든다는 이유로 결혼을 선택하지 않는 사람이 늘고 있다. **결혼식에서 신혼여행까지 드는 결혼 비용**(신혼집과 혼수를 포함)은 2019년 대한민국 기준으로 평균 2억 3,186만 원이라는 조사 결과가 있다.

결혼에는 막대한 돈이 필요하다

출처: 《결혼 비용 리서치 2019》(듀오웨드)

결혼 후에는 지금까지 개별적으로 이루어지던 수입과 지출이 하나로 합쳐진다. 맞벌이라면 주거비나 의복비, 식비 등을 한 사람의 수입으로 충당해서 가계의 부담을 줄일 수 있지만, 어느 한쪽이 일하지 않을 경우에는 부담이 커질 수밖에 없다. **현재의 수입이 얼마이고 누가 살림을 관리할지 등 결혼 전에 각자의 경제 사정을 공개하고 함께 이야기하는 것이 중요하다.**

신혼 살림을 꾸리는 데에도 많은 돈이 들어간다

가전제품

주거비

인테리어·가구

혼수 합계 1,139만 원

이사 비용

○○ 이사

🌐 **결혼 생활을 위한 혼수 비용 또한 1,000만 원이 넘는다**

상당히 부담스러운 준비 비용이다. 중고품을 구입하거나 쓰던 것을 그대로 사용하면 비용을 아낄 수 있다.

출처: 《결혼 비용 리서치 2019》(듀오웨드)

돈 공부❷

05

출산에 드는 비용은 얼마인가?

임신과 출산에는 생각보다 많은 지출이 발생한다. 출산에 따른 여러 가지 공적 지원 제도가 마련되어 있으므로 관련 제도를 이해하면 도움이 될 것이다.

인생의 이벤트 중에서 출산은 한 가정의 수입과 지출을 크게 변화시키므로 결코 간과해서는 안 된다. 여성이 임신 후 배가 불러오면 일하기가 어려워질 수 있기 때문에 가정 경제를 재검토해야 한다. 단, 임신 및 출산 시 받을 수 있는 다양한 공적 지원 제도가 있어 의외로 **출산 비용**이 많이 들지 않을 수도 있다. 임신·출산 진료비, **출산 전후 휴가 및 육아휴직 급여**, 지자체별 출산 축하금, 산모·신생아 건강관리 서비스 등 각종 지원 제도가 많으니 잘 알아두자.

출산과 육아로 받을 수 있는 돈과 제도

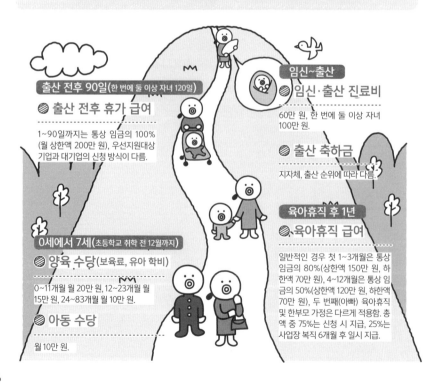

출산 전후 90일 (한 번에 둘 이상 자녀 120일)

◉ **출산 전후 휴가 급여**

1~90일까지는 통상 임금의 100% (월 상한액 200만 원), 우선지원대상 기업과 대기업의 신청 방식이 다름.

임신~출산

◉ **임신·출산 진료비**

60만 원, 한 번에 둘 이상 자녀 100만 원.

◉ **출산 축하금**

지자체, 출산 순위에 따라 다름.

육아휴직 후 1년

◉ **육아휴직 급여**

일반적인 경우 첫 1~3개월은 통상 임금의 80%(상한액 150만 원, 하한액 70만 원), 4~12개월은 통상 임금의 50%(상한액 120만 원, 하한액 70만 원), 두 번째(아빠) 육아휴직 및 한부모 가정은 다르게 적용함. 총액 중 75%는 신청 시 지급, 25%는 사업장 복직 6개월 후 일시 지급.

0세에서 7세 (초등학교 취학 전 12월까지)

◉ **양육 수당** (보육료, 유아 학비)

0~11개월 월 20만 원, 12~23개월 월 15만 원, 24~83개월 월 10만 원.

◉ **아동 수당**

월 10만 원.

임신 후 가장 먼저 받을 수 있는 임신·출산 진료비 지원 서비스에 대해 알아보자. 이는 임신과 출산 과정에 필요한 진료비의 일부를 국민행복카드로 지원하는 제도이다. **국민행복카드는 카드사를 통해 발급되며, 임신 1회당 60만 원(한 번에 둘 이상 자녀는 100만 원)이 지원된다.** 임신확인서를 받은 건강보험 가입자 또는 피부양자면 신청할 수 있다. 분만 예정일로부터 1년까지 전국의 병원, 약국 등에서 사용할 수 있고, 유산했을 때에도 남은 비용을 쓸 수 있다.

임신·출산 진료비 지원 서비스의 구조

◉ 임신 확인서 발급

임신이 확인되면 산부인과 병원에서 임신 확인서와 산모 수첩을 발급한다.

◉ 국민행복카드 발급 및 사용

가까운 국민건강보험공단지사 또는 카드(BC카드, 롯데카드, 삼성카드) 영업점에 방문하여 건강보험 임신·출산 진료비 지급신청서를 제출한 뒤 국민행복카드를 발급받는다. 병원과 연계된 설계사나 온라인을 통해 간단하게 발급받을 수도 있다.

돈 공부 ❷
06

교육에 필요한 비용은 얼마인가?

자녀가 성인으로 성장하기까지 돈이 드는 것은 당연하다. 돈이 많이 드는 시기와 저축할 수 있는 시기를 잘 파악해두자.

자녀가 대학을 졸업할 때까지 드는 **교육 비용**은 자녀가 다니는 교육기관에 따라 다르고 가정마다 지출하는 사교육비에 따라서도 다르다. 신한은행이 발표한 '2018 보통사람 금융생활 보고서'에 따르면 **우리나라에서 자녀 1명을 고등학교 졸업시킬 때까지 들어가는 총 교육비는 평균 8,552만 원이며, 이 중 사교육비가 6,427만 원이라고 한다.**

유치원부터 대학까지 연 평균 학부모 부담금

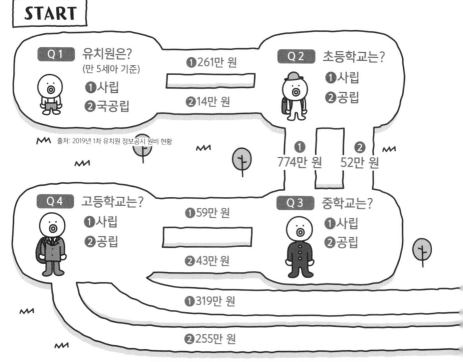

START

Q1 유치원은?
(만 5세아 기준)
❶사립
❷국공립

❶261만 원
❷14만 원

M 출처: 2019년 1차 유치원 정보공시 원비 현황

Q2 초등학교는?
❶사립
❷공립

❶ 774만 원
❷ 52만 원

Q4 고등학교는?
❶사립
❷공립

❶59만 원
❷43만 원

Q3 중학교는?
❶사립
❷공립

❶319만 원

❷255만 원

출처: 사립학교와 공립학교의 2017 회계분석종합보고서, 한국교육개발원 발행(초·중·고 2016년 기준)

사교육비로 영유아 때는 월평균 12만 원을 지출하다가 초등학교에 입학한 뒤에는 30만 원, 고등학생이 되어서는 47만원을 지출하는 등 상급 학교로 진학할수록 많은 비용을 들이게 되는 경향이 있다. 자녀가 성장함에 따라 학비뿐만 아니라 사교육비까지 비례해서 늘어날 확률이 높으니 **저축은 비교적 교육 비용이 적게 드는, 자녀가 어린 시기에 하는 것이 좋다.**

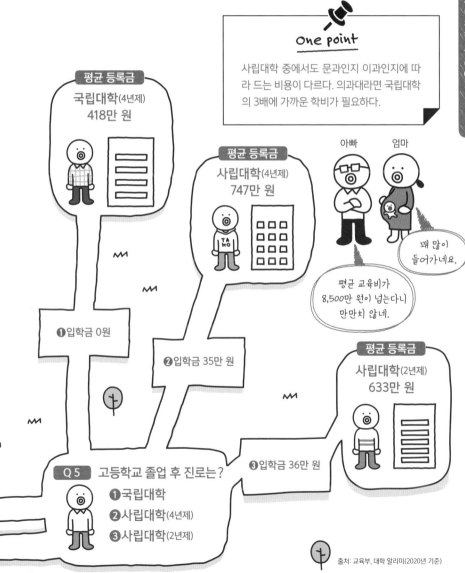

one point

사립대학 중에서도 문과인지 이과인지에 따라 드는 비용이 다르다. 의과대라면 국립대학의 3배에 가까운 학비가 필요하다.

평균 등록금
국립대학(4년제)
418만 원

평균 등록금
사립대학(4년제)
747만 원

아빠   엄마

꽤 많이 들어가네요.

평균 교육비가 8,500만 원이 넘는다니 만만치 않네.

평균 등록금
사립대학(2년제)
633만 원

❶입학금 0원

❷입학금 35만 원

❸입학금 36만 원

Q5 고등학교 졸업 후 진로는?
❶국립대학
❷사립대학(4년제)
❸사립대학(2년제)

출처: 교육부, 대학 알리미(2020년 기준)

39

돈 공부❷ 07 주택 구입에 드는 비용은 얼마인가?

일반적으로 주택 구입을 인생 최대의 지출이라 부른다. 그런 만큼 충분히 시간을 들여 검토해보자.

집을 사기 전에 집을 빌리는 것도 하나의 선택지가 될 수 있다. **주택 구입**은 세금 등 유지비가 들고, 임대는 입주 시에 보증금이 필요하고 시간이 지나면 주인의 요청에 따라 갱신 비용이 발생할 수 있다. **지역에 따라서는 집을 사는 것이나 빌리는 것에 큰 비용 차이가 없을 수도 있다.** 집을 빌릴 경우 자녀가 독립하는 등 가족 구성원에 변화가 생겼을 때 언제든지 작은 집으로 옮길 수 있다는 이점이 있다.

구입할까? 빌릴까? 기간별로 비교하기

		기간	최초	1년차	5년차
매매		매매 가격(예상)	3억 7,000만 원	3억 7,740만원	4억 50만 원
	세금	세금-취득세	370만 원	×	×
		재산세(누적)	×	78만 원	410만 원
	주택담보대출	원금+이자 균등상환액(누적)	×	749만 원	3,744만 원
		지출 합계(누적)	370만 원	1,197만 원	4,524만 원
전세		전세 가격(예상)	2억 원	2억 원	2억 2,250만 원
	전세자금 대출	이자 상환액(누적)	×	300만 원	1,592만 원
월세		월 임대료(예상)	40만 원	40만 원	44만원
	월세 납부	월세 납부액(누적)	×	480만 원	2,546만 원

아래 표는 비용 측면에서 따져본 내용이다. 30년이라는 긴 기간을 통해 매매, 임대(전세.월세)의 비용을 비교해보고 어느 것이 자신에게 유리한지 판단해보자. 집값은 전국 평균 가격을 기준으로, 매매 가격은 3억7,000만 원, 전세 가격은 2억 원, 월세는 보증금 8,000만 원, 월세 40만 원으로 잡았다.

매매, 전세, 월세의 경우로 가정해 지출 비용 계산

1. 집값 매년 2% 상승, 전세 2년마다 5% 상승.
2. 주택자금대출금-집값의 40% 원리금균등상환 30년, 연 3% 적용.
   전세자금대출금-전세 보증금의 50%, 연 3% 적용.
   월세-대출금 없음.

One point

지출 비용만 놓고 볼 때 결론은 이렇다. 월세는 지출 규모도 크고 내 집이 되는 것도 아니니 우선은 매매, 전세 중에서 선택하는 것이 조금 더 이익이다.

앞으로 집값이 계속 오른다면 무리해서라도 집을 사는 게 이익이야!

정부 규제와 세금 정책 때문에 오히려 손해를 볼 수도 있지!

집을 사자!

취득세, 재산세 합쳐서 총 3,900만 원쯤, 주택담보대출에서 순수한 이자는 총 7,663만 원이야. 30년간 들어간 순수 비용은 1억 1,563만 원. 집값이 1억 2천만 원 이상만 오르면 내 집도 생기고 들어간 비용도 다 회수할 수 있어.

10년차	20년차	30년차
4억 5103만 원	5억 4,980만 원	6억 7,020만 원
×	×	×
875만 원	2,004만 원	3,533만 원
7,488만 원	1억 4,975만 원	2억 2,463만 원
8,733만 원	1억 7,349만 원	2억 6,366만 원
2억 5,526만 원	3억 2,578만 원	4억 1,579만 원
3,398만 원	7,735만 원	1억 3,271만 원
51만 원	65만 원	83만 원
5,437만 원	1억 2,377만 원	2억 1,233만 원

전세 살자!

세금은 없고, 주택담보대출 이자만 내면 돼. 30년간 이자만 지출하면 되는데, 총 이자액은 1억 3,000만 원 정도야. 이자 비용은 한 달 평균 37만 원으로 보면 되겠다. 집값이 떨어질 불안 없이 지낼 수 있어.

월세 살자!

세금도 없고 담보대출도 안 받으니 순수하게 주거 비용만 지출하면 돼. 30년간 총 2억 1,200만 원 정도 지출하니 한 달 약 60만 원으로 주거를 해결할 수 있어.

02

우리 삶과 밀접한 돈 이야기

41

자동차에 드는 비용은 얼마인가?

돈 공부❷ 08

자동차를 이용하면 편리하지만 비용이 많이 든다. 자동차 가격뿐만 아니라 구입 후 유지 비용에 대해서도 충분히 고려해야 한다.

자동차를 구입할 때는 자동차 취득세를 내야 하고, 1년에 두 번씩 자동차세를 내야 한다. 또한 각종 보험금과 주유비, 주차장 이용 요금 등 상당한 비용이 든다. 고장이 나거나 사고가 발생할 경우 위험할 뿐만 아니라 수리 비용이 발생하기도 한다. **자동차 비용이 부담되는 사람은 자동차 함께 타기 또는 저렴한 렌터카를 검토해보자.**

요금별로 비교해보는 자동차 비용

● 렌터카
제주 기준 하루 6~10만 원.

● 리스 차
타고 싶은 차를 매달 약 20~50만 원에 빌려 탈 수 있다.

휴가나 여행지에서는 렌터카가 편리해!

저렴하지만, 보험료는 내야 하는구나!

매일 타고 다닌다면 내 차가 있어야지.

여기 택시!

● 자동차 구입
경차를 구입하더라도 1,000만 원을 훌쩍 넘는 초기 비용이 든다.

● 택시 이동
지역에 따라 다르다. 서울 기준 기본료 3,800원.

자동차를 구입할 때 중고차와 새 차 중 어느 쪽을 선택할지 고민하게 된다. **새 차를 산다면 나중에 높은 가격에 처분할 수 있는 장점이 있다.** 3,000만 원에 새 차를 구입해서 5년 후에 1,500만 원에 팔았다면 실질적으로 들인 비용은 1,500만 원이 된다. 한편, 중고차를 1,500만 원에 구입해서 5년 후에 팔았을 때 값이 떨어지거나 오히려 폐차 비용이 발생하기도 한다. 예산과 처분할 때 비용을 잘 고려해서 구입하도록 하자.

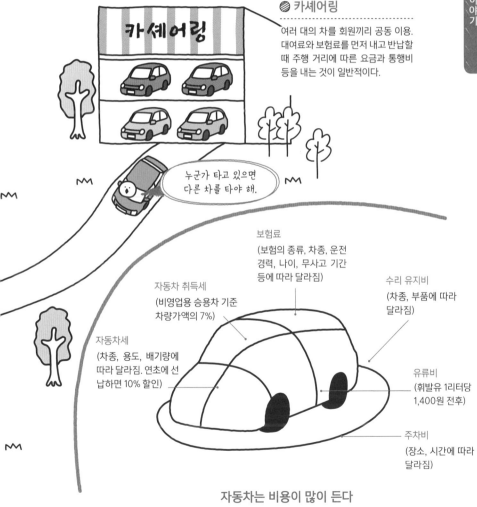

● 카셰어링

여러 대의 차를 회원끼리 공동 이용. 대여료와 보험료를 먼저 내고 반납할 때 주행 거리에 따른 요금과 통행비 등을 내는 것이 일반적이다.

누군가 타고 있으면 다른 차를 타야 해.

보험료
(보험의 종류, 차종, 운전 경력, 나이, 무사고 기간 등에 따라 달라짐)

수리 유지비
(차종, 부품에 따라 달라짐)

자동차 취득세
(비영업용 승용차 기준 차량가액의 7%)

자동차세
(차종, 용도, 배기량에 따라 달라짐. 연초에 선 납하면 10% 할인)

유류비
(휘발유 1리터당 1,400원 전후)

주차비
(장소, 시간에 따라 달라짐)

자동차는 비용이 많이 든다

column
No.2

정부의 각종 제도를
자기계발의 기회로!

우리나라는 직장인 및 구직자들의 재취업과 교육을 위해 여러 제도를 운영한다. 먼저 고용노동부에서 운영하는 국민 내일배움카드 제도가 있다. 이는 기존 실업자와 재직자로 분리되어 운영되던 내일배움카드 제도를 2020년 1월부터 통합한 것으로서, 국민 스스로 직업능력개발 훈련을 실시할 수 있도록 1인당 최대 500만 원까지, 훈련비의 45~85%까지를 지원해주는 프로그램이다. 세부 정보는 직업훈련포털(hrd.go.kr)에서 직접 검색해볼 수 있다.

단, 현직 공무원, 사립학교 교직원, 졸업 예정자가 아닌 대학 재학생, 연 매출 1억 5천만 원 이상의 자영업자, 월 임금 300만 원 이상인 대규모기업종사자(45세 미만), 특수형태근로종사자 등은 제외되니 잘 알아두자.

직장인의 경우에는 직업능력개발 훈련 시설이나 대학원의 학자금 등 교육비에 대해 15%의 세액 공제를 해주니, 잘 활용하여 자기계발의 기회로 삼도록 하자!

44

Chapter

03

다양한 방식의
일과 돈의 관계

정직원, 계약직원, 개인사업자 등
일하는 방식은 저마다 다양하다. 이에 따라
돈을 버는 방식도 달라진다. 이 장에서는
돈을 버는 행위와 관련된 주제를 살펴보고자 한다.

돈 공부 ❸

01

돈을 버는 방법에는 어떤 종류가 있는가?

돈을 벌기 위해서는 먼저 회사에 취직해 월급을 받을 수 있다. 하지만 이 밖에도 돈을 버는 방법은 수없이 많다.

세상에는 다양한 직업이 있고 돈을 버는 방법도 각각 다르지만, 크게 나누면 세 가지의 **고용 형태**가 존재한다. 첫 번째는 정해진 월급 또는 연봉으로 임금을 받는 방법. 두 번째는 근무 시간에 따라 시급 또는 일급으로 받는 방법이다. 세 번째는 판매량이나 계약률 등의 거래량으로 돈을 버는 방법이다. 직장인들은 대부분 첫 번째 방법인 **월급 또는 연봉으로 안정적인 수입을 보장받는다.**

고용 형태에 따른 근로 조건의 차이

아르바이트나 파트타임 근로자, 파견 직원 등은 시급이나 일급으로 임금을 받는 경우가 많다. **노동 시간이나 근로 일수에 따라 수입은 증가하지만, 회사원과 비교하면 임금이 낮은 편이다.** 그리고 일한 시간에 관계없이 일의 성과에 따라 수입이 달라질 수도 있다. 프리랜서로 일하는 개인사업자가 이에 해당하며 실력에 따라 높은 수입을 기대할 수 있는 반면, 소득이 불안정하다.

연봉을 올리려면 이직을 노려라?

🌐 돈 버는 방법이나 근무 형태는 스스로 선택할 수 있다

최근에는 종신고용 제도가 줄어들고 다양한 근로 형태를 선택할 수 있는 시대가 되었다. 불확실성을 감당하더라도 퇴사를 선택한 사람 중에는 연수입이 두 배로 늘어난 경우도 있다! (※ 줄어들기도 한다)

돈 공부❸

02

직장인의
좋은 점과 힘든 점

돈을 벌기 위해 직장인이 되는 것이 가장 좋은 선택지일까? 직장인이 되면 좋은 점과 힘든 점을 살펴보자.

회사에 취직하면 안정된 수입을 얻을 수 있는 **직장인**. 복리후생이 좋고 실적에 따라 상여금을 지급하는 회사도 있다. 이렇게 언뜻 보기에는 좋은 점이 많은 듯하지만, 직장인이 되면 힘든 점도 있다. 직장인은 고정급으로 월급을 받기 때문에 높은 실적을 올려도 그에 걸맞는 수입을 기대할 수 없다. 즉, **억 단위의 이익을 올려도 수입은 제자리에서 맴돌 가능성이 크다.**

임금 근로자의 연령에 따른 월 평균 수입

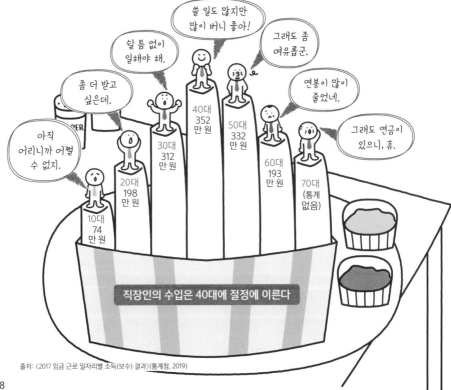

출처: 〈2017 임금 근로 일자리별 소득(보수) 결과〉(통계청, 2019)

또한 직장인은 **회사의 방침을 따라야 한다. 때로는 지방으로 발령이 나서 가족을 남겨둔 채 전근을 가야 하는 상황이 발생하기도 한다.** 만약 회사의 명령을 이행하지 않으면 업무 명령 위반에 대한 징계 처분을 받는다. 그리고 근무하는 회사의 실적이 저조하다는 이유로 정리 해고를 당하거나 경영 실적의 악화로 파산에 이르러 하루아침에 직장을 잃게 될 수도 있다.

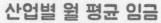

산업별 월 평균 임금

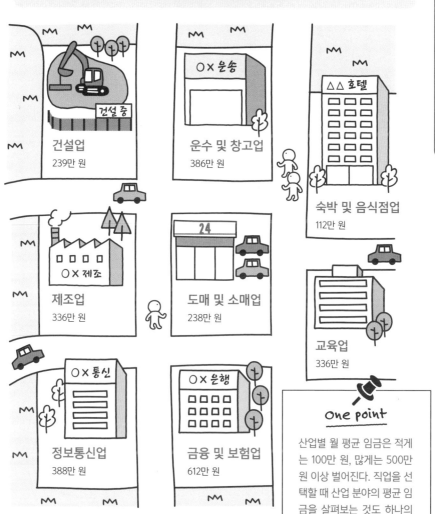

건설업
239만 원

운수 및 창고업
386만 원

숙박 및 음식점업
112만 원

제조업
336만 원

도매 및 소매업
238만 원

교육업
336만 원

정보통신업
388만 원

금융 및 보험업
612만 원

one point

산업별 월 평균 임금은 적게는 100만 원, 많게는 500만 원 이상 벌어진다. 직업을 선택할 때 산업 분야의 평균 임금을 살펴보는 것도 하나의 방법이다.

03 급여와 상여금은 어떻게 지급되는가?

매월 지급되는 급여나 1년에 몇 번 받는 상여금은 직장인에게 꿀 같은 보상이다. 급여와 상여금의 구조를 살펴보자.

직장을 다니면 월급날에 **급여명세서**를 받게 된다. 이때 확인해야 할 포인트는 두 가지다. 먼저 **기본급과 시간외 근무 수당, 휴일 근로 수당 등 급여로 받는 지급 항목이 있다. 그리고 사회보험료나 세금 등으로 제외되는 공제 항목이 있다.** 급여명세서를 작성하는 일은 사람이 하는 일이기에 실수가 있을 수 있다. 무엇이 지급되며 무엇이 세금으로 나가는지 확인하자.

급여는 어디에서 나오는가?

50

기업에서는 일반적으로 1년에 1~4회 정도 **상여금**을 지급한다. **직원의 근무 성적이나 회사의 실적 또는 명절 상여 등의 명목으로 지급되는데, 법률적으로는 민간 기업에서 직원에게 상여금을 지급할 의무는 없다.** 그러나 많은 회사가 근로 계약서나 취업 규칙을 통해 상여금을 지급하도록 규정하고 있다. 상여금은 급여와 마찬가지로 지급과 공제에 해당하는 항목이 있다. 4대 보험료와 소득세(지방세)가 공제되기 때문에 실제로 받을 수 있는 금액은 훨씬 줄어드니 주의해야 한다.

급여명세서 예시

근태	출근	결근	연장근로시간	휴일 출근		
	20	0	17	0		
지급	기본급	식대	연장수당	기타수당	상여금	총 지급액
	1,900,000	100,000	300,000	0	100,000	2,400,000
공제	건강보험	국민연금	고용보험	소득세	주민세	총 공제액
	119,640	209,690	12,000	46,300	100,000	487,630
집계	총 지급액	총 공제액	실제로 받는 금액. 실 수령액이라고 한다.			차액 지급액
	2,400,000	487,630				1,912,370

위즈덤 상사

◉ 근태
근무한 일수나 결근한 일수. 급여 계산의 토대가 된다.

◉ 지급
급여로 지급되는 돈. 수당은 회사마다 다르다.

◉ 공제
4대 보험료나 세금 등 급여에서 차감되는 돈.

돈 공부③

04

개인사업자의
좋은 점과 힘든 점

개인사업자는 일정한 규칙에 얽매이지 않는다. 모두 자신의 재량으로 일을 할 수 있지만 힘든 점도 많다.

개인사업자는 회사에 고용되지 않은 채 돈을 버는 사업자를 말한다. 근무 시간이나 휴일을 스스로 정하고 자기에게 맞게 일을 진행할 수 있어 비교적 자유롭다는 장점이 있다. 또 정년에 상관없이 얼마든지 일할 수 있고 의지와 능력만 있다면 높은 수입을 기대할 수 있다. 게다가 **직장인은 정해진 월급만 받을 수 있는 반면, 개인사업자에게는 따로 정해진 월급이 없다.**

개인사업자가 되려면 어떻게 해야 할까?

① 사업을 시작하는 경우는 국세청에 신고해야 한다.

네일샵을 차리고 싶어.

의외로 간단한걸!

② 국세청 홈페이지에서 사업자등록신청서 등 필요한 서식을 다운받아 작성한다.

③ 이렇게 신청만 하면!

사업 개시 전 또는 사업 시작일로부터 20일 이내에 관할 세무서 또는 가까운 세무서 민원 봉사실에서 신청한다(국세청 홈택스 홈페이지에서도 가능).

④ 야호! 이제 나도 사업가!

개인사업자가 되는 데 수수료나 경비는 전혀 들지 않는다.

그러나 개인사업자는 수입이 일정하지 않기 때문에 수입이 안정된 직장인보다는 금융기관으로부터 신용을 인정받기 어렵다. 때문에 **주택 대출 심사 등에 통과하기 어려워 집을 갖고 싶어도 살 수 없는 경우가 있다.** 또한 가입할 수 있는 사회보험이 적기 때문에 만일의 사태에 알아서 대비하는 편이 좋다.

매출을 올리려면 어떻게 해야 할까?

XX네일

일할 사람이 필요해.

매출이 증가해 수입이 늘어나면 직원을 고용하거나 법인화를 검토할 수 있다.

XX네일

직원을 늘렸는데도 역부족이야.

● 직원 고용

직원을 고용하면 더 많은 일을 해결할 수 있다. 단, 급여 지급이나 피고용인의 세금을 납부해야 하는 등 책임이 뒤따른다.

● 법인화

법인으로 전환할 경우, 사회적인 신용이 높아지고 대출도 쉬워진다. 소득이 많더라도 개인사업자보다 세금을 적게 낼 수 있다.

대표실

돈 공부❸
05

개인사업자의 비용 처리는 어디까지 인정되는가?

개인사업자는 혼자서 회사를 운영하는 것이나 마찬가지다. 자진 신고를 하는 것이 절세에 도움이 된다.

개인사업자는 종합소득세, 부가가치세 등을 내야 한다(직원을 고용했다면 원천세와 4대 보험료도 내야 한다). 종합소득세는 경비를 제외한 순수익에 대해 최소 6%에서 최대 42%까지 부과하며, 1년 중 정해진 시기에 <u>세금 확정신고</u>를 통해 <u>납부</u>해야 한다. **종합소득세는 전년도 소득에 대해 매년 5월까지, 부가가치세는 매년 1월, 7월의 25일까지 세무서의 도움을 받거나 국세청 홈택스를 통해 신고하고 납부해야 한다.**

개인사업자는 소득이 많으면 세금도 높게 부과된다

소득은 1,200만 원이었어요.

종합소득세는 6%입니다.

종합소득세는 15%입니다.

소득은 4,600만 원이었어요.

소득은 8,800만 원이었어요.

종합소득세는 24%입니다.

종합소득세는 35%입니다.

소득은 1천만 5천만 원이었어요.

소득은 3억 원이었어요.

종합소득세는 38%입니다.

종합소득세는 40%입니다.

소득은 5억 원이었어요.

종합소득세는 42%입니다.

소득은… 5억은 훨씬 넘었는데요?

어서 시작합시다. 확정신고!

세무서

크흣.

소득세가 너무 많이 나왔어.

● 개인사업자는 소득이 높을수록 세금을 많이 낸다

개인사업자의 세금은 누진 과세 제도에 따라 매겨진다. 소득이 5억 원을 넘으면 순이익의 42% 정도를 세금으로 내야 한다.

54

개인사업자의 소득은 비용으로 계산되는 것이 많아 실제로 납부하는 세금액을 줄일 수 있다. 예를 들어 자택을 사업장으로 쓴다면 집세나 전기세의 일부를 비용으로 처리할 수 있다. 또, 인터넷 요금이나 휴대 전화 등의 통신비도 비용으로 신고할 수 있다. 단, 비용으로 처리할 수 있는 것은 사업에 관련된 지출만 해당된다. **사적인 비용은 탈세 행위로 간주되므로 주의해야 한다.**

개인사업자를 위한 지원 제도

생선 가게

채소 가게

정육점

다행이야.

든든하구먼.

아주 고맙네!

거래처의 도산에 대비합니다.

실업 급여를 마련해 놓겠습니다.

노후 자금을 준비해두지요.

🔷 **중소기업 공제사업기금**

도산 방지 및 경영 안정화 지원을 위한 공제 사업기금으로, 매달 10~300만 원을 적금처럼 납입한다.

🔷 **개인사업자 고용보험**

매달 약 3~6만원을 납부하면 비자발적인 이유로 폐업했을 때 실업 급여를 지급받을 수 있다. 직업능력개발 훈련과정 수강 비용도 지원된다.

🔷 **국민연금**

지역 가입자 또는 사업장 가입자(직원을 고용한 경우)로 가입할 수 있으며, 특별한 경우가 아니라면 의무로 가입해야 한다.

돈 공부 ❸
06

일하는 방식 개혁으로 부업이 쉬워지다!

보험료나 세금이 해마다 올라 실제 수입이 줄어드는 요즘, 새로운 수입의 기회로 각광받는 부업이 인기를 얻고 있다.

예전에는 연공서열의 관행 때문에 직장인의 근속연수가 길면 길수록 자연스럽게 월급이 올랐다. 그러나 계속되는 경기 침체나 사회 변화 등으로 이전보다 승진을 기대하기 어려워졌다. 한편 본업뿐만 아니라 **부업으로 수입을 얻는 사람들이 늘고 있다.** 승진이 점점 어려워지면서 스스로 돈을 벌고자 하는 욕구가 강해졌다.

지금부터라도 시작할 수 있는 부업의 종류

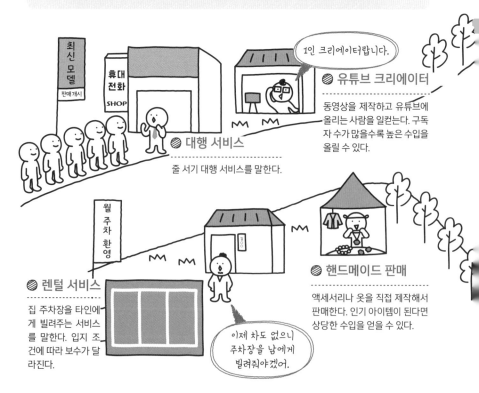

최신 모델
판매개시

휴대 전화
SHOP

1인 크리에이터랍니다.

◉ 유튜브 크리에이터

동영상을 제작하고 유튜브에 올리는 사람을 일컫는다. 구독자 수가 많을수록 높은 수입을 올릴 수 있다.

◉ 대행 서비스

줄 서기 대행 서비스를 말한다.

월 주차 환영

◉ 렌털 서비스

집 주차장을 타인에게 빌려주는 서비스를 말한다. 입지 조건에 따라 보수가 달라진다.

이제 차도 없으니 주차장을 남에게 빌려줘야겠어.

◉ 핸드메이드 판매

액세서리나 옷을 직접 제작해서 판매한다. 인기 아이템이 된다면 상당한 수입을 얻을 수 있다.

다만, 대한민국은 **이자소득, 배당소득, 사업소득, 근로소득, 연금소득, 기타소득을 모두 합쳐 종합소득금액으로 과세**한다는 점에 주의해야 한다. 참고로 연말정산 시 부양가족으로 등록된 가족 구성원은 연간 소득 금액이 100만 원을 넘으면 부양가족 공제(150만 원)에 적용되지 않는다.

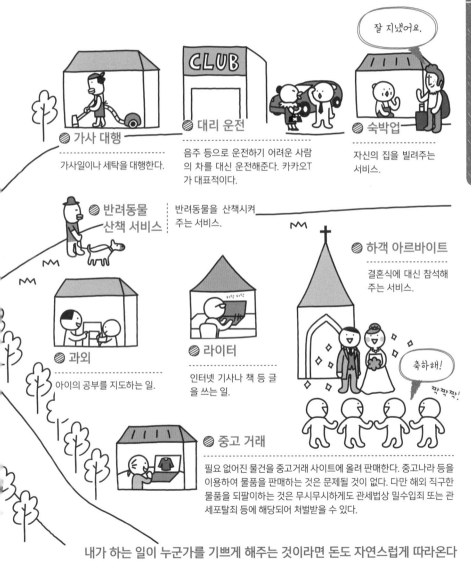

잘 지냈어요.

◉ 가사 대행

가사일이나 세탁을 대행한다.

◉ 대리 운전

음주 등으로 운전하기 어려운 사람의 차를 대신 운전해준다. 카카오T가 대표적이다.

◉ 숙박업

자신의 집을 빌려주는 서비스.

◉ 반려동물 산책 서비스 ┆ 반려동물을 산책시켜주는 서비스.

◉ 하객 아르바이트

결혼식에 대신 참석해주는 서비스.

◉ 과외

아이의 공부를 지도하는 일.

◉ 라이터

인터넷 기사나 책 등 글을 쓰는 일.

축하해!

짝짝짝!

◉ 중고 거래

필요 없어진 물건을 중고거래 사이트에 올려 판매한다. 중고나라 등을 이용하여 물품을 판매하는 것은 문제될 것이 없다. 다만 해외 직구한 물품을 되팔이하는 것은 무시무시하게도 관세법상 밀수입죄 또는 관세포탈죄 등에 해당되어 처벌받을 수 있다.

내가 하는 일이 누군가를 기쁘게 해주는 것이라면 돈도 자연스럽게 따라온다

지금은 볼 수 없는
'종신고용', '평생직장'

과거 우리나라에서는 '종신고용'이 일반적이었다. 직원이 처음 입사한 회사에서 정년까지 근무하는 것을 당연하게 여겼다. 먼 옛날의 봉건 제도처럼 직원은 회사에 청춘을 바치고, 회사는 그 직원에게 평생 직장을 보장했다. 1990년대 말까지 보통의 직장인들에게 근속 연수 20년, 30년은 기본이었고 이를 기념하는 기념패를 만들어 시상하기도 했다.

그러나 1997년 IMF를 겪으면서 기존의 종신고용과 평생직장은 모두 사라지고, 그 자리를 '권고사직'과 '명예퇴직'이 차지하게 되었다. 그때의 영향으로 평생직장의 개념은 사라진 지 오래다.

이러한 현상이 무조건 나쁘다고 할 수는 없다. 능력을 인정받아 이직을 자주하는 것이 더 이상 나빠보이지 않기 때문이다. 이제는 자신의 능력을 키워 더 좋은 임금을 받을 수 있는 직장으로 옮기는 것이 금기시되지 않는다. 이직을 반복하여 연봉을 올리는 일명 '몸값 재테크'가 가능하다. 재테크와 함께 자기계발에도 신경써야 하는 이유가 여기에 있다.

예기치 못한 사건에 대비하는 돈 알기

사고나 질병 등 인생에서는
예기치 못한 일이 일어날 수 있다. 그러한 경우에
필요한 돈과 관련된 제도에 대해 자세히 알아보자.

사회보험이란?

돈공부❹ 01 ‼

국민들이 건강한 생활을 누릴 수 있도록 국가는 다양한 안전망을 구축하고 있다. 어떤 종류가 있는지 살펴보자.

누구나 건강하게 살기를 원하지만 질병이나 사고로 일할 수 없게 되는 경우가 있다. 또한 평균 수명이 늘어나는 것은 기쁜 일이지만, 생활비를 벌기 위해 나이가 많이 들어서까지 일을 계속하기는 쉽지 않다. **이렇게 곤란한 상황을 대비하기 위해 필요한 것이 사회보험이다.**

어려운 상황에 대비하기 위한 사회보험

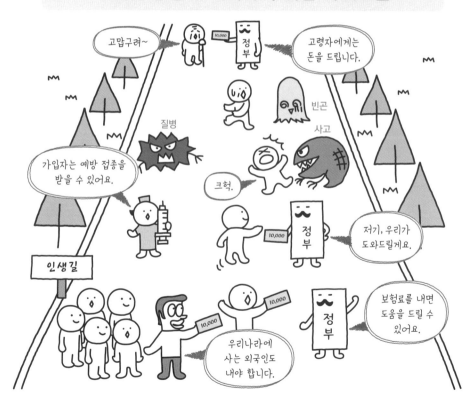

우리나라는 '4대 보험'이라 불리는 네 가지 사회보험이 있다. 질병이나 부상이 발생했을 때 의료비를 지원하는 '국민건강보험', 나이가 들었을 때 연금을 지급하는 '국민연금', 실직을 했을 때나 재취업을 하고자 할 때 도움을 주는 '고용보험' 그리고 산업재해 근로자와 그 가족을 위한 '산재보험'이다. 그러나 **사회보험만으로 모든 것을 해결할 수 있는 것은 아니다.**

사회보험은 언제 도움이 되는가?

One point

인생을 살다 보면 갑자기 병에 걸리거나 회사가 도산하는 등 예상치 못한 일이 발생할 때도 있다. 이때 도움이 되는 제도가 사회보험이다.

돈 공부❹
02
!!

국민건강보험의 구조를 알아보자

우리는 최소한 1년에 한 번쯤은 의료 기관에 방문한다. 진료를 받은 후 내는 진료비의 구조를 살펴보자.

사회보험에는 **국민건강보험**이 포함되어 있다. **대한민국에 사는 사람들은 일정한 법적 요건이 충족되면 의무적으로 가입하여 보험료를 납부해야 한다.** 건강보험은 의료비 문제를 사회적 연대를 통해 해결하는 것이 목적이기 때문에 보험료는 소득 수준 등에 따라 부과하는 반면, 보험 급여는 보험료 부담 정도와 관계없이 균등하게 제공한다. 따라서 가난하거나 큰 병을 앓고 있더라도 비교적 적은 부담으로 병원을 이용할 수 있다.

개인에 따라 달라지는 국민건강보험

○X회사

직장인, 공무원은 직장 가입자로 가입

시청

월급에서 매달 보험료가 빠져나가.

개인사업자 등은 지역 가입자로 가입

소득이 없다면 직장 가입자의 피부양자로 등록

채소 가게

매출과 재산에 따라 보험료가 달라지는군.

우리까지 챙겨 주니 좋네.

one point

피부양자로 등록되어 있던 사람이라도 사업자 등록을 하는 등 소득이 생긴다면 직장 가입자로 전환해야 한다.

국민건강보험에서는 가입자나 피부양자가 의료 기관을 이용함으로써 발생하는 비용의 40%에서 95%까지를 지원한다. **이때 본인이 부담해야 하는 '본인 부담금'은 상급 종합병원, 종합병원, 일반병원, 의원 등 의료 기관의 규모와 가입자의 연령에 따라 달라진다.** 일반적으로 아동, 노인, 임산부, 난치·중증환자 등의 본인 부담금이 낮은 편이다.

입원 1일당 본인 부담금은?

입원 1일당 본인 부담금
: 4인 이하 기본 병실의 경우 보통 총진료비의 20%.

한가하네.

냠냠.

한 끼 식비는 50%를 본인이 부담
(일반식은 3끼, 산모식은 4끼까지
건강보험에서 지원).

텔레비전이라도
볼까?

드르렁~

아빠 자?   우리 왔어요!

one point

3명 이하의 상급 병실에서는 병실료의 일부만 건강보험 혜택이 적용된다. 기본 병실료 이상의 차액은 비급여에 해당한다.

※입원실 비용은 의료기관의 규모, 간호사 수, 환자의 질환 등에 따라 달라진다.

나를 지켜주는 든든한 보험

돈 공부❹
03
!!

나이가 들었을 때 가족에게 고통을 주고 싶지 않은 마음은 누구나 똑같다. 이때 도움이 되는 노인장기요양보험에 대해 자세히 알아보자.

예전에는 부모의 노후를 자녀가 책임지는 것이 당연했다. 그러나 급속한 고령화와 핵가족화, 여성의 경제활동 참여 증가, 출생률 저하 등으로 인해 가족 간병에 대한 사회적 수요가 늘어나면서 공적인 **노인장기요양보험** 제도가 2008년 7월에 도입되었다. 가족뿐만 아니라 국가가 함께 책임지고 노인을 돌보는 방안이 마련된 것이다. **65세 이상의 노인 또는 65세 미만의 치매·뇌혈관성 질환 등 노인성 질병을 가진 사람을 수급자로 인정한다.**

장기요양보험의 인정 및 이용 절차

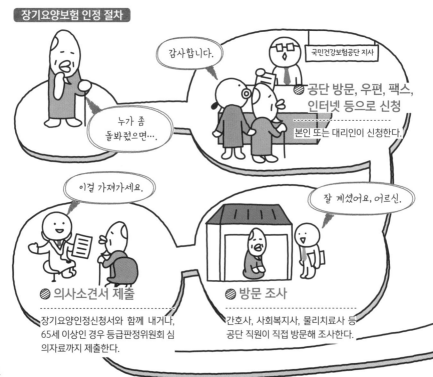

장기요양보험 인정 절차

감사합니다.

누가 좀 돌봐줬으면….

국민건강보험공단 지사

공단 방문, 우편, 팩스, 인터넷 등으로 신청
본인 또는 대리인이 신청한다.

이걸 가져가세요.

잘 계셨어요, 어르신.

🔘 의사소견서 제출
장기요양인정신청서와 함께 내거나, 65세 이상인 경우 등급판정위원회 심의자료까지 제출한다.

🔘 방문 조사
간호사, 사회복지사, 물리치료사 등 공단 직원이 직접 방문해 조사한다.

우리나라의 노인장기요양보험은 건강보험과는 별개로 도입되었지만, 효율적인 운영을 위해 국민건강보험공단에서 관리를 담당하고 있다. 건강보험 가입자는 의무적으로 장기요양보험의 가입자가 되며, **직장 가입자의 경우 납부하는 건강보험료의 10.25%(50%는 사업자 부담)를 장기요양보험료로 낸다. 서비스 이용 시의 본인 일부 부담금은 감경 사유가 없는 경우 15~20% 정도 수준이다.**

돈 공부❹
04
만일의 사태에 도움이 되는 민간 보험

매일 TV에서 보험 회사의 광고를 볼 수 있다. 민간에서 운영하는 보험에 가입하면 어떤 서비스를 받을 수 있는지 알아보자.

의료보험에는 공적 보험뿐만 아니라 민간 보험도 있다. 약간의 감기나 가벼운 부상이라면 공적 보험으로 충분히 해결할 수 있지만, 큰 사고나 질병으로 입원이 길어지면 비용 부담이 늘어난다. 이때 도움이 되는 것이 **민간 의료보험**이다. 이 보험에 가입하면 **입원이나 수술이 필요한 큰 질병이나 사고에 대한 보조금을 받을 수 있다.**

공적 의료보험과 민간 의료보험의 차이

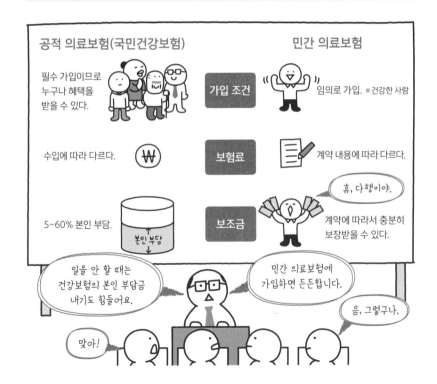

민간 의료보험의 종류는 보험 회사에 따라 다양하며, 입원 일당을 설정하거나 특약을 넣어서 내용과 보장 금액을 변경할 수 있는 방법이 많다. **일반적으로는 하루 입원비 5만 원을 기준으로 선택한다.** 민간 의료보험은 현금으로 지급되며, 실제 필요한 병원비 이상을 받아서 남더라도 돌려줄 필요가 없다.

다양한 종류의 민간 의료보험

주택과 관련된 보험

돈 공부 ❹
05
!!

화재나 지진 등의 재해를 당하면 정신적, 금전적으로 큰 피해를 입게 된다. 보험에 가입해두면 금전적인 면에서는 안심할 수 있다.

간신히 마련한 내 집이나 가게, 그런 인생 최대의 보물을 화재나 지진으로 잃고 싶지 않을 것이다. 그래서 화재가 일어났을 때 보상해주는 **화재보험**에 가입해두는 것이 현명한 방법이다. **화재보험은 화재뿐만 아니라, 벼락이나 바람, 눈에 의한 재해도 보상받을 수 있다. 가재도구도 보상받는 방법이 있으니 잘 알아보자.**

화재보험은 각종 위험으로부터 집을 지켜준다

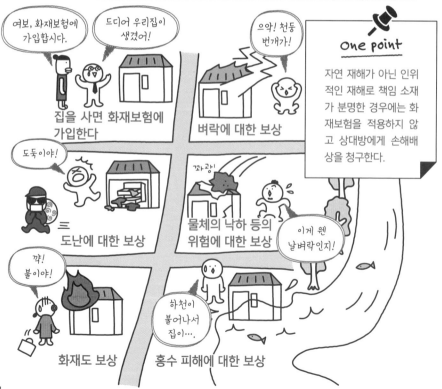

여보, 화재보험에 가입합시다.

드디어 우리집이 생겼어!

으악! 천둥 번개가!

One point

자연 재해가 아닌 인위적인 재해로 책임 소재가 분명한 경우에는 화재보험을 적용하지 않고 상대방에게 손해배상을 청구한다.

집을 사면 화재보험에 가입한다

벼락에 대한 보상

도둑이야!

꽈광!

도난에 대한 보상

물체의 낙하 등의 위험에 대한 보상

이거 웬 날벼락인지!

꺅! 불이야!

하천이 불어나서 집이….

화재도 보상

홍수 피해에 대한 보상

화재보험에는 최초 계약 시점과 같은 가치를 보상하는 재조달가액 기준 보상과 최초 계약 시점의 가치에서 시간에 따라 노후된 정도를 뺀 금액을 보상하는 시가액 기준 보상이 있다. 시가액으로는 보상이 충분하지 않게 느껴질 수 있기 때문에 재조달가액 담보 특약에 가입하는 것이 좋다. 참고로 **우리나라는 화재보험과 지진보험이 통합된 경우가 많으며, 운전자 보험에 포함된 경우도 있다. 직장인 연말정산 때는 세액 공제를 받을 수 있다.**

보험금은 계약 내용에 따라 달라진다

◉ **재조달가액 기준**

계약 시점과 동일한 가치를 지닌 가격으로 보상받는다.

◉ **시가액 기준**

계약 시점의 가격에서 노후 정도를 공제한 금액을 보상받는다.

돈 공부 ❹

06 알아두면 도움 되는 연금

노후는 누구에게나 공평하게 찾아온다. 노후 연금에 대해 지금부터 하나씩 살펴보자.

앞으로 받게 될 **국민연금** 수급액이 줄어든다는 이야기를 한 번쯤 들어본 적이 있을 것이다. 그 이유는 현재의 젊은 세대가 납부한 보험료를 현재의 수급자에게 이른바 슬라이드식으로 지급하는 구조에 있다. **인구가 증가하면 문제가 되지 않지만, 현재 우리나라는 저출산이 점점 가속화되고 있기에 문제가 된다.**

연금이 고갈 위험에 직면하게 된 이유

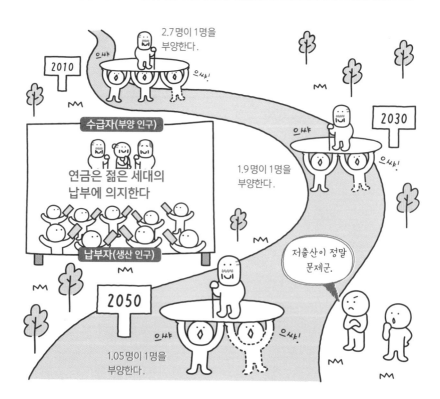

이에 국민연금공단은 국민의 노후를 위해 주식시장에 적극적으로 투자해 기금을 운용하거나, 연금 수급액이 줄지 않도록 계산하고 조정하는 등 노력을 기울이고 있다. 또한 가입자가 지금까지 낸 납부액과 미래의 수급액 등을 국민연금 홈페이지와 어플리케이션을 통해 고지한다. **최근에는 카카오톡과 연계하여 전자문서 형태로 가입내역 안내서를 발송하고 있으니 확인해두자.**

국민연금 가입 내역 안내서란?

❶현재 가입 상태
최초 가입일 및 가입 종류를 확인할 수 있다.

❷연금보험료 납부 내역
지금까지 납부한 총 금액과 총 가입 기간이 월수로 적혀 있다.

❸향후 받게 될 예상 연금 월액
지금까지 납부한 보험료에 따른 예상 연금이 현재 가치 기준과 미래 가치 기준으로 나뉘어 적혀 있다.

one point

국민연금 가입 내역 안내서는 연 1회, 생일이 속한 달에 발송된다. 이 세 가지 안내 사항을 중심으로 틀린 곳이 없는지 확인한다.

노후에 필요한 자금

정년 후에 안락한 연금 생활을 꿈꾸는 사람이 많다. 그러나 국민연금만으로는 불안할 수밖에 없다.

국민연금공단에서 2019년에 발표한 통계에 따르면 현재 수급자(20년 이상 가입)의 월평균 연금액은 92만 6,000원이다. 자녀 양육이 끝나고 생활비가 많이 줄었다고 해도 노후에 이 금액만으로 생활을 이어가기는 쉽지 않다. 연금 생활을 한다고 생각하고 매달 필요한 최소한의 **노후 자금**을 산출해보자. **경제적으로 생활의 어려움이 없도록 가능한 범위 내에서 최대한 준비하는 것이 중요하다.**

노후를 대비해 미리 준비할 사항

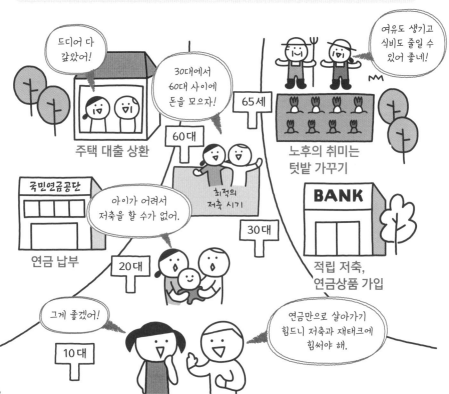

노후 생활이 시작되었을 때 노후 자금이 제대로 준비되어 있지 않으면, 일을 해서 돈을 벌 수밖에 없다. 오늘날에는 건강 수명이 많이 늘어나서 **65세 이상도 일할 수 있는 직업이 점점 많아지고 있으며 앞으로도 고용이 확대될 것으로 예상된다**. 노후에도 현금 수입이 있으면 마음이 든든하다. 시니어 세대의 일자리를 미리 조사해서 어느 정도 목표를 정해 두는 것도 하나의 방법이다.

65세 이상도 일할 수 있는 직업

📄 단, 정년 후 수입이 너무 많으면 연금 수급액이 줄어들 수도 있다

65세 이상은 '최근 3년간 국민연금 전체 가입자의 평균 소득월액'을 초과할 경우 연금이 감액 또는 정지될 수 있다.

오늘도 깨끗이!

건물 청소부

여기, 택시!

택시 운전사
TAXI

아파트 관리인

24

어서 오세요~

편의점 직원

위즈덤 버거

감자 튀김은 어떠세요?

패스트푸드 직원

○○공원

공원 청소부

옹알옹알

돈 공부❹ 08 !! 노후 자금을 늘리는 방법

연금이 2층 또는 3층짜리 집에 비유된다는 사실을 알고 있는가? 실제로 연금을 어떻게 준비할 수 있는지 면밀히 살펴보자.

노후 생활을 지탱해주는 기본 연금인 국민연금과 군인연금, 공무원연금, 사학연금 등은 1층에 속하고, 2층에는 소득이 있는 사람이라면 누구든 가입할 수 있는 IRP를 포함한 **퇴직연금**이 포함된다. 3층은 누구든 가입할 수 있는 민간 **개인연금**이다. **이렇게 이중, 삼중으로 준비하면 든든하게 노후를 맞이할 수 있다.**

연금은 추가로 가입할 수 있다

퇴직연금 DB형과 DC형은 항상 어려운 선택이다. 각각의 장단점을 알아봄으로써 나에게 맞는 퇴직연금 방식은 어떤 것이 있는지 알아보자. 우선, DB형은 Defined Benefits(확정급여형)이다. 즉, 내가 받을 혜택인 퇴직연금이 확정되어 있다고 이해하면 쉽다. DC형은 Defined Contribution(확정기여형)이다. 기여 금액이 확정되어 있다는 것은 매월 내가 낼 금액이 정해져 있다는 것이다. **IRP(개인형 퇴직연금–Individual Retirement Penstion)라는 것도 있다.**

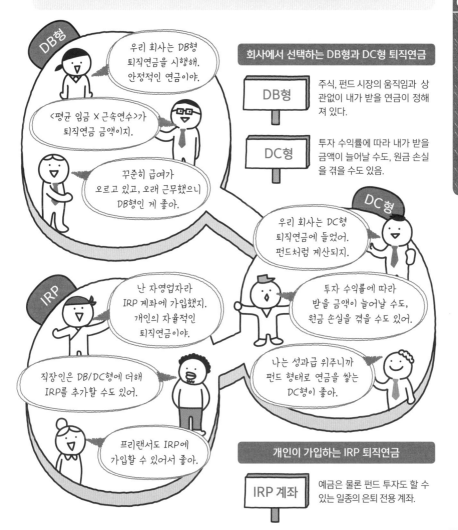

DB·DC·IRP 퇴직연금의 유형별 특징

DB형
우리 회사는 DB형 퇴직연금을 시행해. 안정적인 연금이야.

〈평균 임금 × 근속연수〉가 퇴직연금 금액이지.

꾸준히 급여가 오르고 있고, 오래 근무했으니 DB형인 게 좋아.

회사에서 선택하는 DB형과 DC형 퇴직연금

DB형 — 주식, 펀드 시장의 움직임과 상관없이 내가 받을 연금이 정해져 있다.

DC형 — 투자 수익률에 따라 내가 받을 금액이 늘어날 수도, 원금 손실을 겪을 수도 있음.

DC형
우리 회사는 DC형 퇴직연금에 들었어. 펀드처럼 계산되지.

투자 수익률에 따라 받을 금액이 늘어날 수도, 원금 손실을 겪을 수도 있어.

IRP
난 자영업자라 IRP 계좌에 가입했지. 개인의 자율적인 퇴직연금이야.

직장인은 DB/DC형에 더해 IRP를 추가할 수도 있어.

나는 성과급 위주니까 펀드 형태로 연금을 쌓는 DC형이 좋아.

프리랜서도 IRP에 가입할 수 있어서 좋아.

개인이 가입하는 IRP 퇴직연금

IRP 계좌 — 예금은 물론 펀드 투자도 할 수 있는 일종의 은퇴 전용 계좌.

돈 공부❹
09
!!

생명보험은
꼭 가입해야 하는가?

10년 후 20년 후, 자신이 어떻게 되어 있을지는 아무도 모른다. 예기치 못한 상황에 기댈 수 있는 생명보험에 대해 알아두는 것이 좋다.

질병이나 사고로 갑자기 사망하는 일은 누구에게나 일어날 수 있다. 국민연금에서 유족연금을 보장하고는 있지만 지급 요건이 까다롭고, 지급액 또한 월 최대 70만 원 정도로 많지 않은 편이다. 따라서 **생명보험에 가입해두면 안심할 수 있다.** 생명보험에는 크게 정기보험과 종신보험이 있다.

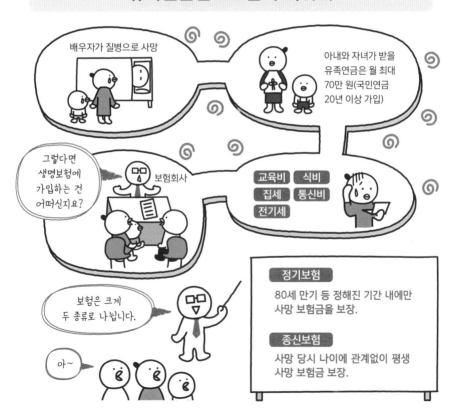

유족연금만으로는 부족하다

배우자가 질병으로 사망

아내와 자녀가 받을 유족연금은 월 최대 70만 원(국민연금 20년 이상 가입)

그렇다면 생명보험에 가입하는 건 어떠신지요?

보험회사

교육비 식비
집세 통신비
전기세

보험은 크게 두 종류로 나뉩니다.

아~

정기보험
80세 만기 등 정해진 기간 내에만 사망 보험금을 보장.

종신보험
사망 당시 나이에 관계없이 평생 사망 보험금 보장.

또 일반적으로 알려져 있지 않지만, 가입자가 사망했을 때 수입을 보장해주는 수입보장보험도 있다. 이 상품은 사망보험금을 일시에 지급하는 것이 아니라 연금처럼 나누어 지급하는 것이 특징이다. 이 보험은 가입자의 유족이 안정적 생활자금을 지급받을 수 있도록 하는 상품이다. 생명보험, 손해보험 모두에 있는 상품인데 생명보험회사의 경우에는 사망 시, 손해보험회사는 상해로 50%~80%의 후유장애가 있을 시, 대상이 된다.

수입보장보험 또는 수입보장특약이란?

최소 5년 보장, 10년간 매월 100만 원 보장 형태로 가입했어.

일시금이 아니고 10년 이상 나누어 받는 거네요.

아무 일도 일어나지 않으면 손해 아닌가요?

소모품 같지만, 유족에겐 연금처럼 유용하겠어.

20년 만기, 1억 원 수입보장보험에 가입

수입보장보험 또는 수입보장특약은 대부분 만기환급금이 없는 보장성 보험으로, 가입할 때 약속한 금액을 한 번이 아닌 10년 이상으로 나누어 받는다. 예를 들어 가입 5년 후 사망시 15년간 1억 원을 나누어 지급받게 된다.

여보, 그 돈으로 아이를 부탁해요.

여보, 앞으로 10년 동안 한 달에 100만 원 받을 수 있게 해놓았어. 더 많이 준비 못 해줘서 미안해.

여보, 이제 아이도 다 컸고 주택대출도 다 갚았으니 보험금이 없어도 괜찮겠지요?

돈 공부❹

10

!!

차량 임의보험 가입은 필수

보험은 피해자뿐만 아니라 가해자에게도 필요하다. 자동차 보험은 이러한 모두를 위해 존재하는 보험이다.

자동차 보험에는 법률에 따라 가입이 의무화된 **책임보험**과 피보험자가 임의로 선택해서 가입할 수 있는 **임의보험**이 있다. **둘 다 가입한다면 종합보험이 된다.** 책임보험은 상대방이 다쳤을 때 보상하기 위한 보험으로 한도는 최대 1억 5천만 원 이다.

자동차 책임보험과 임의보험의 차이

책임보험

대인배상
상해 50만 원~3천만 원
사망 1억 5천만 원

대물배상
없음

차량 보상
없음

자전거와 부딪쳤어!

한번 교통사고가 나면 피해자에 대한 치료비와 위자료 등 다방면에 걸쳐 막대한 비용이 필요해진다. **임의보험은 대인배상이 무제한으로 이루어질 뿐만 아니라 대물배상, 자기신체사고, 무보험 자동차에 의한 상해 등까지 보장할 수 있기 때문에 가입해두는 것이 좋다.** 한편, **운전자보험**은 사고가 일어났을 때 자동차보험이 보장해 주지 않는 형사적, 행정적 책임까지 보충할 수 있다.

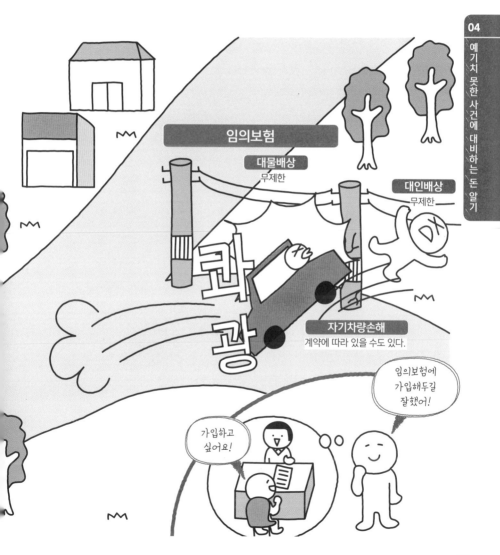

국민연금, 한걸음 더!

국민연금은 전국민의 노후 소득을 보장하기 위해 국가에서 시행하는 제도다. 사회 초년생의 경우 첫 월급을 받을 때부터 원천징수되는 항목이기도 하다. 소득이 있는 시절에 매월 꾸준히 일정 금액을 납입하다가 나이가 들어 생업에 종사할 수 없게 되면 매월 연금을 지급받아 기본적인 생활을 할 수 있게 하는 제도이다.

일반적인 직장인은 소득의 9%를 국민연금으로 납부하는데 이중 절반인 4.5%만 부담하고 나머지 4.5%는 사업주가 부담한다. 기타 가입자들은 소득의 9%를 모두 부담한다. 국민연금을 수령하는 시기는 출생 연도에 따라 달라진다. 2020년 기준으로 1969년 이후 출생자들은 만 65세부터 노령연금 수령이 가능하며, 더 일찍 받고자 한다면(조기노령연금) 일정 금액을 줄여 만 60세부터 받을 수도 있다. 국민연금의 재정 상황에 따라 납입하는 비율인 소득의 9%는 늘어날 수도 있고 국민연금 수령 시기가 지금 기준보다 더욱 늦어질 수도 있다.

반드시 납부해야 하는
각종 세금

우리는 알게 모르게 많은 세금을 내고 있지만
크게 의식하지 않고 살아간다. 그러나 세금은
사회인으로서 알아두어야 할 상식이니 꼭 기억해두자.

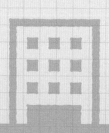

돈 공부 ⑤

01 세금은 무엇을 위해 존재하는가?

"열심히 번 돈을 세금으로 가져가 버리다니…." 하고 석연치 않게 생각하는 사람을 위해 세금의 존재 의의를 설명하고자 한다.

국민의 의무 중에는 납세의 의무가 있다. 일해서 번 돈의 일부를 **세금**으로 납부해야 한다는 의미인데, 어떻게든 내지 않으려고 하는 사람도 있을 것이다. **그러나 국공립학교 교사와 경찰관, 시청 직원 등의 공무원들은 우리가 낸 세금으로 월급을 받아 생활한다.** 즉, 우리가 그들을 고용하고 있다고 할 수 있다.

세금은 나라에서 살기 위해 내는 관리비

국가를 아파트에 비유한다면 공무원은 관리인에 해당된다. 우리가 내는 세금은 아파트를 유지하는 데 필요한 관리비나 공익비와 같다. 모두가 함께 돈을 납부해 국가라는 거대한 아파트를 유지한다고 생각하면 세금을 내는 의미를 조금은 이해할 수 있을 것이다. **세금은 의무이니 만큼 체납이나 탈세는 무거운 범죄 행위가 되므로 주의한다.**

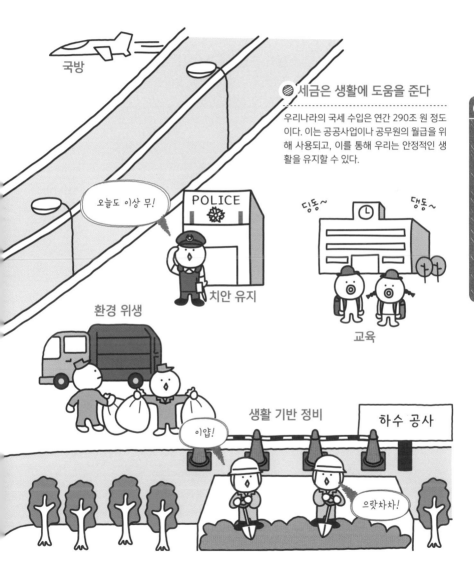

국방

● 세금은 생활에 도움을 준다

우리나라의 국세 수입은 연간 290조 원 정도이다. 이는 공공사업이나 공무원의 월급을 위해 사용되고, 이를 통해 우리는 안정적인 생활을 유지할 수 있다.

오늘도 이상 무!

POLICE

치안 유지

딩동~   댕동~

교육

환경 위생

이얍!

생활 기반 정비

하수 공사

으랏차차!

돈 공부 ❺

02 세금의 종류는?

세금의 종류가 너무 많아 제대로 이해하기 어렵다. 지금부터 세금의 구조에 대해 알아보자.

우리가 평소에 내는 세금은 크게 **직접세**와 **간접세**의 두 종류로 구분된다. **직접세는 국가나 지방자치단체에 말 그대로 직접 내는 세금으로, 수입의 일부에서 내는 소득세와 법인세 등이 있다.** 납세자의 수입에 따라 세율이 달라지는데, 여러 가지 공제 항목을 적용해 세금을 감액받는 등 각자의 능력에 따라 유연하게 변화한다는 점이 특징이다.

직접세의 종류

● 직장인이 납부하는 직접세는 회사가 처리한다

직장인이 직접세를 납부할 경우, 월급에서 공제하는 방식으로 회사가 대신 처리한다.

● 법인세
주식회사와 협동조합 법인이 사업 활동을 통해 얻은 소득의 일부를 세금으로 낸다.

● 소득세
개인 소득에 대한 세금. 과세 소득에 규정된 세율을 곱해서 산출한다.

● 자동차세
자동차에 붙는 세금. 차종과 총배기량, 용도 등에 따라 세액이 다르다.

● 증여세
개인에게 재산을 받았을 때 부과하는 세금.

간접세는 세금을 부담하는 사람과 실제로 국가나 지방자치단체에 돈을 납부하는 사람이 서로 다른 것을 말한다. 주세나 부가가치세 등이 해당되며, 이 세금은 소비자가 아니라 사업자가 대신 납부한다. 간접세는 수입 여부에 관계없이 모든 국민에게 동일한 금액과 세율을 적용해 징수한다. 앞으로 고령화가 계속된다면 직접세의 비중이 줄어들기 때문에 간접세를 더 올릴 수도 있다.

간접세의 구조

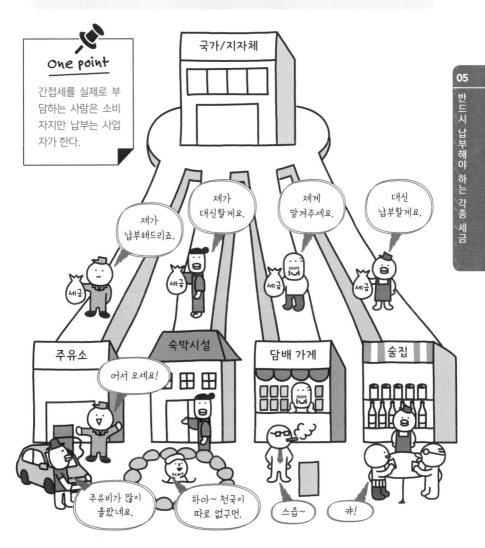

One point

간접세를 실제로 부담하는 사람은 소비자지만 납부는 사업자가 한다.

돈 공부 ❺

03

수입이 있으면
세금을 납부해야 한다

직장인은 매달 월급과 함께 급여명세서를 받는다. 급여명세서의 공제 항목에는 소득세와 주민세가 있는데, 이 두 가지 세금에 대해 살펴보자.

앞에서 설명했듯 **소득세**는 직접세에 해당하는데, 단순히 수입에 대한 세금을 내는 것은 아니다. **급여에서 근로소득공제를 비롯한 각종 공제를 제외한 나머지 금액(과세표준)만이 과세 대상이 된다.** 그러니 직장인과 개인사업자에 관계없이 공통으로 적용되는 배우자 공제나 부양 공제와 같은 공제 항목을 검토하는 것이 절세에 도움이 된다.

회사원의 과세 구조

저는 연봉 5,000만 원을 받는 지극히 평범한 회사원이랍니다.

식비도 비용 처리가 되니까요.

선술집

그렇네요.

24시간

식사는 회사에서 비용을 대줘서 감사할 따름이지요.

개인사업자는 좋겠어요!

그래도 저보다 직장인이 더 좋지 않나요?

총급여액
회사로부터 받는 모든 급여(기본급, 상여금, 성과금 등)에서 비과세 소득(식비, 실비급여 등)을 뺀 금액.

그, 글쎄요.

근로소득금액
총급여에서 근로소득공제 금액을 제한 금액.

연봉 5,000만 원이라면 1,225만 원이 비과세로 공제되니까요.

과세표준
근로소득금액에서 각종 소득공제를 받고 남은 금액. 여기에 기본 세율을 곱한 금액에서 각종 세액공제 및 세액감면을 받으면 최종으로 내는 세금이 산출된다.

근로소득공제 세액표

우아, 저보다 잘 아시는군요.

총급여액	공제액
500만 원 이하	총급여액×0.7
500만 원 초과 1,500만 원 이하	(총급여액×0.4)+150만 원
1,500만 원 초과 4,500만 원 이하	(총급여액×0.15)+525만 원
4,500만 원 초과 1억 원 이하	(총급여액×0.05)+975만 원
1억 원 초과	(총급여액×0.02)+1,275만 원

주민세는 크게 두 가지 종류로 나뉜다. **균등분(균등할) 주민세와 지방소득세(소득할 주민세)인데 균등분 주민세는 소득에 상관없이 납부한다.** 개인의 경우는 1만 원 이내, 개인사업자는 5만 원 이내에서 지자체장이 정한다. 지방소득세는 소득에 따라 부과되는데, 소득세를 기준으로 10%를 부과한다. 소득세가 150만 원이면 지방소득세는 10%인 15만 원이 부과된다. 양도소득세 발생 등 특별한 경우가 아니면, 급여에서 원천징수되는 경우가 대부분이다.

연말 정산이란?

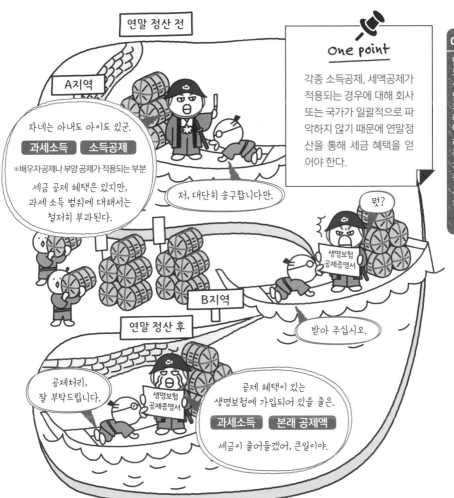

돈 공부 ❺

04 모두에게 균등하게 적용되는 세금

물건을 살 때마다 부과되는 부가가치세에 대해 얼마나 이해하고 있는가?

부가가치세는 물건이나 서비스의 제조 단계에서부터 도매, 소매로 이어지는 각 거래 단계마다 부과되는 세금으로, 조세의 부담이 최종 소비자에게 전가되는 대표적인 간접세이다. 다른 세금과는 달리 연령이나 소득에 상관없이 전 국민이 같은 비율로 부담하기 때문에 올리거나 내릴 때의 파급력이 매우 크다. **우리나라의 부가가치세율은 현재 10%이다.**

모든 재화와 서비스에 부가가치세가 붙는 것은 아니다

부가가치세는 모든 국민에게 동일하게 적용되지만, 모든 재화나 서비스에 부과되는 것은 아니다. 가공되지 않은 식료품이나 서적류뿐 아니라 금융·보험·의료·예술·교육·종교·학술 서비스, 국가나 공익단체에서 공급하는 서비스 등 **필수품이나 공익을 증진하는 재화 및 서비스는 면세된다.** 세계 여러 나라와 비교했을 때 우리나라의 부가세율은 높지 않은 편으로, 향후 복지 서비스를 늘리기 위해 세율이 더 인상될 가능성도 있다.

세계의 부가가치세

부가가치세율의 세계 랭킹

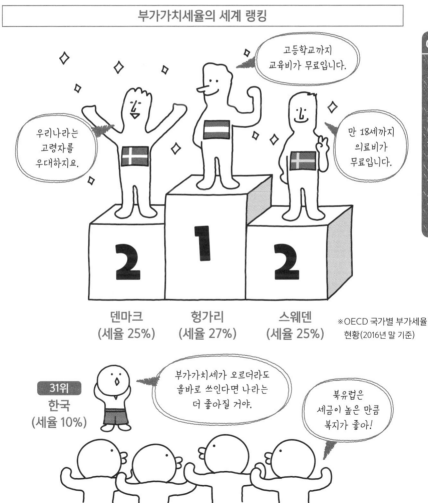

덴마크
(세율 25%)

헝가리
(세율 27%)

스웨덴
(세율 25%)

※OECD 국가별 부가세율
현황(2016년 말 기준)

31위
한국
(세율 10%)

우리가 몰랐던
재미있는 세금 이야기

    세계 곳곳에는 눈여겨볼 만한 독특하고 재미있는 세금이 있다. 일본의 '입욕세'는 온천을 이용하는 입욕객에게 부과하는 세금으로, 일본인이든 외국인이든 관계없이 징수한다. 이 입욕세에 익숙하지 않은 외국인이 놀라는 장면은 온천 마을에서 흔히 볼 수 있는 일이다.

    독일에서는 반려견을 키울 때 '반려견 세금'을 내야 한다. 원래 독일에서는 부유한 사람들만 개를 키웠고 서민들은 키우지 않았다고 한다. 그때 부과했던 부유세의 흔적이 지금도 남아 있는 것이다. 영국 런던에는 '정체세'라는 세금을 부과한다. 런던은 매일 극심한 교통 정체에 시달렸는데, 이 정체세를 도입하면서 교통 체증이 30% 정도 해소되었다고 한다.

    한편, 절세와 탈세는 엄연히 구분된다. 절세는 세법이 인정하는 범위 내에서 합법적으로 세금을 줄이는 행위이다. 이에 비해 탈세는 허위 계약서, 허위 영수증 등 사실을 왜곡하여 세금 부담을 줄이는 행위이다. 절세는 장려되지만 탈세에 대해서는 각국에서 무거운 처벌을 시행하고 있다.

Chapter
06

은행의 역할과 돈의 흐름

기업이나 가정에서 관리하는 돈이 움직이는 은행은
우리의 경제 활동을 지탱하는 중요한 거점이다.
이러한 은행의 기본 개념과 하는 일을 살펴보자.

돈 공부 6
01 금융이란 무엇인가?

학교 교육 과정에서 돈에 대해 배운 사람은 거의 없을 것이다. 먼저 금융에 대해 알아보자.

금융은 '금전의 융통'의 줄임말로, 자금에 여유가 있는 사람이 부족한 사람에게 공급하는 일을 뜻한다. **금융은 크게 자금 수요자가 필요한 자금을 직접 조달받는 '직접금융'과 자금 수요자와 공급자 사이를 금융기관이 매개하는 '간접금융'으로 나뉜다.** 간접금융의 대표적인 예는 은행 예금이다. 은행은 예금자가 맡긴 돈을 모아 기업에 융통시켜 수익을 창출한다.

직접금융과 간접금융

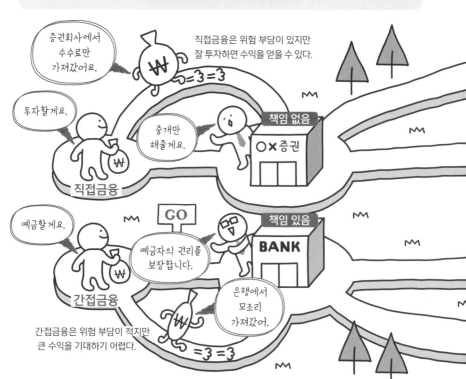

즉, 예금자와 기업 사이에 은행이 중재 역할을 하므로 간접금융에 해당한다. 직접 금융은 은행을 통하지 않고 기업에 돈을 융통해주는 '투자'라고 할 수 있다. **투자는 증권회사가 중재하기 때문에 직접금융이 아니라고 생각할 수 있으나 중개만 할 뿐 투자에 대한 책임까지 지지 않는다.** 은행 예금은 맡긴 돈에 대한 권리를 보장하므로 책임 소재의 여부가 간접금융인지 직접금융인지를 판단하는 기준이 되기도 한다.

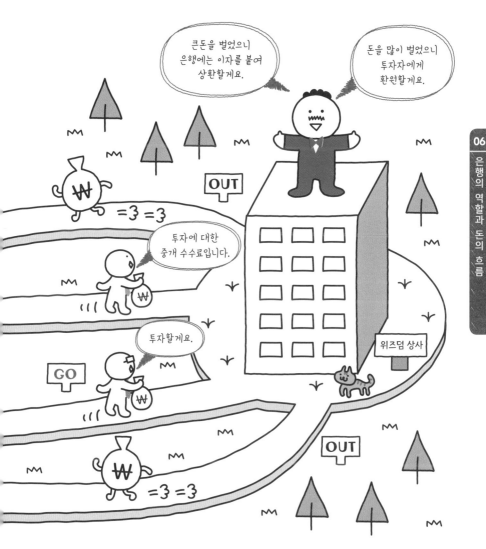

돈 공부 ⑥

02 은행은 경제의 중심부

은행은 돈을 예금하거나 인출하는 등 평소에 자주 이용하는 곳이다. 이 밖에도 은행은 다양한 기능을 수행한다.

은행은 간접금융의 대표 역할을 한다. 기업에 돈을 대출해주는 일이 은행의 중요한 역할 중 하나다. 이것을 '금융 중개 기능'이라고 하며, **은행의 3대 기능** 중 첫 번째다. 두 번째 기능으로 '신용 창조 기능'이 있다. 이는 은행이 대출 과정을 무수히 반복하면서 초기 예금액의 몇 배에 달하는 예금 통화를 창출하는 일을 뜻한다.

은행은 세 가지 기능을 수행한다

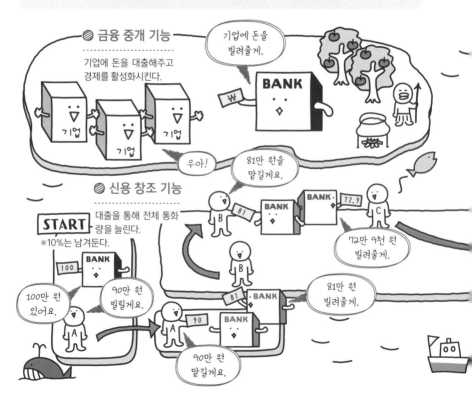

세 번째는 '결제 기능'이다. 은행에 예금이 있으면 현금을 사용하지 않고 계좌 이체로 송금하거나 공과금을 지불할 수 있는데, 이것이 바로 결제 기능이다. **은행은 이러한 세 가지 기능을 수행할 뿐만 아니라 안전하게 관리하고 운용한다.** 만약 은행에 대한 불신이 확산된다면 은행에 돈을 맡기는 사람도 없어지고, 결국 경제에 심각한 타격을 미칠 수 있다.

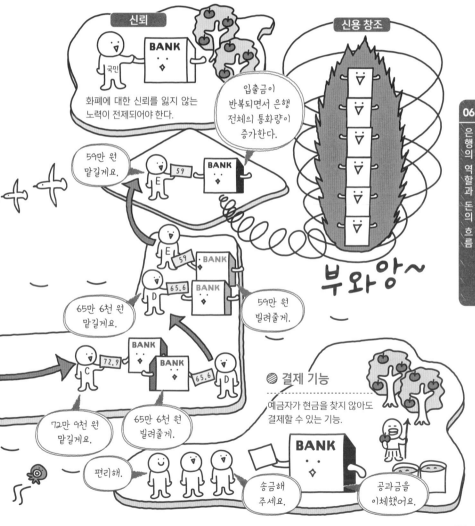

신뢰

국민

화폐에 대한 신뢰를 잃지 않는 노력이 전제되어야 한다.

신용 창조

입출금이 반복되면서 은행 전체의 통화량이 증가한다.

59만 원 맡길게요.

E
59
BANK

부와앙~

E
59
BANK

D
65.6
BANK

65만 6천 원 맡길게요.

59만 원 빌려줄게.

C
72.9
BANK

D
65.6
BANK

72만 9천 원 맡길게요.

65만 6천 원 빌려줄게.

● 결제 기능

예금자가 현금을 찾지 않아도 결제할 수 있는 기능.

편리해.

송금해 주세요.

BANK

공과금을 이체했어요.

03

은행에는
어떤 종류가 있는가?

은행은 우리 생활에 꼭 필요하다. 유용하게 활용하기 위해서는 각각의
특징과 서비스를 잘 파악해야 한다.

우리나라의 은행은 크게 제1금융권과 제2금융권으로 나뉜다. 제1금융권 은행은
일반은행과 특수은행으로 분류되며, 일반은행에는 전국에 점포를 두고 영업하는
시중은행과 지방에 본점을 둔 지방은행 그리고 외국은행 국내 지점이 있다. 산업
은행, 기업은행 등의 특수은행은 일반은행에서 지원하지 못하는 특정 부문에 자
금을 지원하는 역할을 한다. 제2금융권에는 상호저축은행, 신용협동기구, 우체국
등이 있다.

각양각색의 얼굴을 가진 은행

최근에는 인터넷 뱅킹을 주로 활용한다. **하지만 현금 이용이 많다면, 소비자 눈높이에서 편리성이 가장 중요할 것이다.** 즉, 지점 또는 ATM이 집이나 회사 근처에 있는지 우선 고려해서 주거래 은행을 선택한다. 은행에 갈 일이 생겼을 때, 지하철이나 버스를 타고 가면 시간과 돈만 낭비하게 될 뿐이다.

은행은 접근성이 우수한 곳으로 선택한다

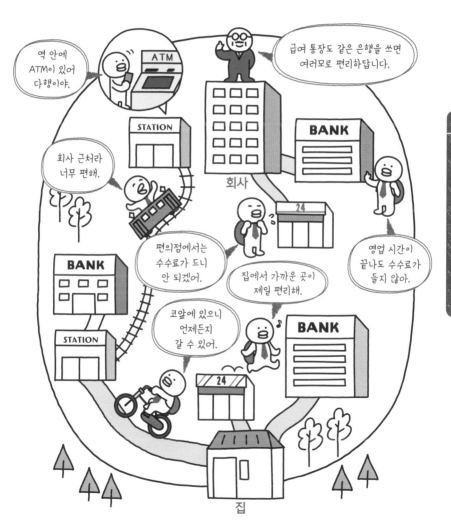

돈 공부 ⑥
04
인터넷 뱅킹이란?

최근 우리 경제에서는 현금이 사라지고 있다. 인터넷 뱅킹의 경우 기존의 은행 거래보다 좋은 점이 많다.

인터넷 뱅킹은 인터넷을 통한 금융 거래를 말한다. PC나 스마트폰이 있으면 언제든지 잔액을 확인하고, 송금을 할 수 있어 매우 편리하다. **금리가 높은 예적금 상품에 가입하거나 저렴한 수수료 혜택을 받을 수도 있다.** 현재 대부분의 은행이 인터넷 뱅킹을 운영하고 있으며, 최근에는 카카오 뱅크처럼 물리적인 점포가 없거나 매우 적은 영업점만으로 사업을 벌이는 인터넷 전문 은행이 등장하기도 했으니 잘 활용해보자.

인터넷 뱅킹과 일반적인 은행 거래의 차이

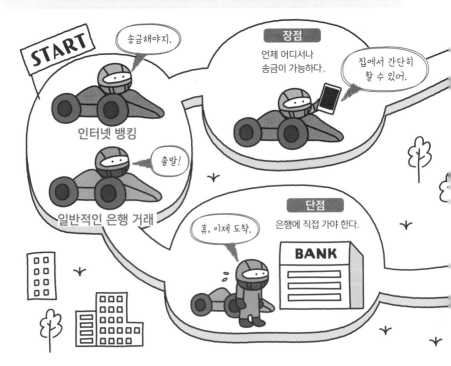

인터넷 뱅킹으로 할 수 없는 거래가 한 가지 있다. 바로 현금의 입출금이다. 또한 인터넷 뱅킹은 안전한 거래를 위해 본인 확인용 아이디와 비밀번호를 설정해 이용해야 하며, 아이디나 비밀번호를 잊어버리면 거래를 할 수 없으므로 주의가 필요하다. **비밀번호는 보안카드나 일정 시간마다 변경되는 원타임 패스워드(OTP)를 활용하는 것이 일반적이다.**

◉ 인터넷 뱅킹은 편리성이 최대 장점

현금을 인출할 수 없다는 단점이 있지만, 보안만 철저하다면 쉽게 사용할 수 있다.

돈 공부❻

05

한국은행은 어떤 곳인가?

평소 뉴스에서 한국은행과 관련된 소식을 쉽게 접할 수 있다. 하지만 우리 생활과 다소 거리가 멀게 느껴져 잘 와닿지 않는다. 도대체 한국은행은 어떤 곳일까?

나라마다 금융과 통화 정책의 중심이 되는 중앙은행이 있다. **한국은행**은 우리나라의 중앙은행으로, 화폐를 발행하고 관리하여 우리나라 전체의 통화량을 조절한다. 또 '은행의 은행'이라고 불리면서 각 시중은행 사이의 결제 업무를 담당한다. **한국은행은 정부 기관은 아니지만 우리나라 경제의 발전과 안정에 크게 기여해왔다.**

한국은행의 세 가지 역할

정부에서도 한국은행을 이용하고 있다. 정부는 한국은행 계좌에 국민으로부터 거둔 세수입을 예치할 수 있다. **국가를 대신해 업무를 처리하기도 하므로 한국은행을 '정부의 은행'이라고 부르기도 한다.** 일반적인 은행에서는 개인이 돈을 맡기거나 빌릴 수 있지만 한국은행에서는 직접 이용이 불가능하다. 그렇지만 한국은행은 우리 생활에 큰 영향력을 미친다.

돈 공부 ❻

06 보험회사도 금융기관이다

보험회사 또한 돈의 공급과 자금 중개 업무를 담당하는 금융기관에 포함된다.
4장에서 보험에 대해 언급한 것에 더해 새로운 측면에서 살펴보고자 한다.

금융기관으로는 은행을 떠올리기가 쉬운데, 보험회사도 금융기관에 속한다. 보험
회사는 가입자가 납부한 돈을 향후 지급될 보험금을 위해 저축하기보다는 자산
을 운용하여 수익을 올린다. **보험료의 납입 기간이 10년, 20년 등으로 매우 긴 것
은 안정적인 자산 운용을 위한 필수 장치라고 할 수 있다.**

민간 보험회사의 구조

매달 납입한 우리의 보험료는 투자에 쓰인다

질병이나 부상을 당한 사람이 많아지면 보험 회사가 파산하지 않을까 하는 걱정은 할 필요가 없다. 보험회사는 **대수의 법칙**을 따른다. 주사위를 무제한으로 던지다 보면 어느 면이나 나올 확률이 6분의 1에 가깝다는 통계가 있는데, **마찬가지로 사람의 사망 확률 등도 통계로 확인할 수 있으며**, 보험회사의 모든 상품은 반드시 수익을 얻는 구조로 만들어진다.

보험회사는 파산하지 않는다

위조지폐를 만드는 행위는
중대한 범죄다

　돈을 발행할 수 있는 곳은 각국의 중앙은행뿐이다. 세계의 모든 국가에서는 위조지폐를 만드는 사람뿐만 아니라 위조지폐임을 알고도 사용한 사람에게 무거운 처벌을 내린다. 미국에서는 위조지폐를 만들면 무기징역이 원칙이며 유통만 한 경우에는 15년 이상의 징역에 처한다. 일본 역시 무기징역 또는 3년 이상의 징역에 처한다. 우리나라 또한 무거운 처벌을 하는데 화폐를 위·변조하는 행위는 「형법(제207조)」 및 「특정범죄 가중처벌 등에 관한 법률(제10조)의 규정」에 따라 사형·무기 또는 5년 이상의 징역에 해당하는 처벌을 받게 된다.

　위조지폐로 물품을 구입하고 잔돈을 받으면 통화 위조죄는 물론 사기죄도 성립된다. 위조지폐 범죄가 모든 국가에서 강력한 처벌의 대상이 되는 이유는 바로 위조지폐가 경제를 무너뜨리고 신용 질서를 파괴하기 때문이다. 돈의 신용은 국가가 담보해주는 것이기 때문에 금액에 상관없이 위조지폐를 만드는 행위 자체가 국가에 대한 반역 행위로 여겨진다.

07

경기가 좋다는 말은
무슨 뜻일까 ?

호황기

우리는 종종 '경기가 좋아졌다'거나 '경기가 나쁘다'는
이야기를 듣는다. 때로는 좀처럼 와닿지 않는데도
경기가 좋다고 한다. 나라의 경제 상태를 알 수 있는
경기에 대해 천천히 생각해보자.

01 경기란 무엇인가?

누구나 많든 적든 어느 정도의 돈을 가지고 있다. 큰 시각에서 보면 돈은 마치 살아 있는 생명체처럼 움직인다.

'경기가 회복되었다', '불경기이다'라고 할 때 쓰는 **경기**란 도대체 무엇일까? **간단히 말하면 경기란 돈의 흐름을 가리킨다.** 경기가 좋다는 말은 돈의 흐름이 좋아져 월급이 오르고 소비가 늘어나는 것을 뜻한다. 그렇게 되면 국가도 세금을 많이 거둬 국민 전체의 삶을 윤택하게 만든다. 반대로 경기가 나쁘면 물건이 팔리지 않거나 월급이 줄어드는 등 국가 전체의 경제가 둔화된다.

경기의 좋고 나쁨은 나라 경제에 영향을 미친다

One point

'경기'는 실물 경제의 동향뿐 아니라 사회적 심리까지 포함된다. 영어를 포함한 다른 나라의 언어로는 표현하기 어려운 독자적인 의미도 갖는다.

그러나, **경기가 좋은 상태가 무조건 옳지는 않다.** 일본의 경우, 1980년대 말에서 1990년대 초 버블 경기라고 하는 호황기를 누렸다. 이에 따라 많은 사람들이 여윳돈으로 토지를 사들이면서 땅값이 비정상적으로 급등했고, 당시 평범한 직장인은 토지 가격이 너무 올라 내 집 마련을 할 수 없었다.

버블 경제의 위험성

정부 개입으로 버블 경제가 사라지다

위기를 느낀 일본 정부는 긴축정책을 통해 경기를 억제시켰다. 그러나 경기를 너무 억제시킨 탓에 불황이 오래 지속되고 말았다.

돈 공부 ❼

02 경기 동향 지수란 무엇인가?

경기의 좋음과 나쁨, 즉 경기의 흐름을 수치화한 것이 경기 동향 지수이다.

경기 동향 지수에는 세 가지 지표가 있다. 첫 번째, 경기의 흐름을 앞서 보여주는 선행 지수가 있다. 선행 지수는 경기가 상승하는 조짐을 미리 예측하기 위한 지표로, 기계 수주액이 활용된다. 기업이 기계를 도입하면 생산량이 증가하고, 시장에 공급된 상품의 양이 늘어나면서 매출과 소비가 일어나 경기가 상승한다. 구인 구직 비율 또한 선행 지수가 된다.

세 가지 지표로 살펴보는 경기 동향

영차

영차

최신형 기계를
도입합니다.

구
인

구인 공고는
냈어요?

◉ 선행 지수

기계의 도입이나 신규 구인 등을 종합해 가까운
장래의 경기 동향을 예측하며 오르내리는 지수.

경기가 좋아지고 회사 간 거래가 활발해지면 도매업계의 매출액과 상품의 출하도 늘어난다. 이렇게 경기의 상황과 비슷한 흐름을 보이는 지수를 동행 지수라고 한다. 마지막으로 후행 지수는 두 지수의 영향으로 나타난 경기 변동을 나중에 확인하는 데 활용된다. 법인세의 세수입이 대표적인 예이다. **신규 고용과 기계 도입 등으로 매출이 증가하면 기업이 내는 법인세도 늘어난다.**

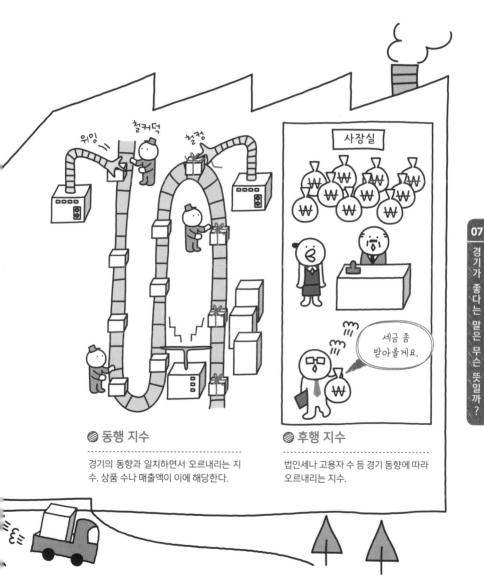

위잉~ 철커덕 철컹

사장실

세금 좀 받아올게요.

◉ 동행 지수

경기의 동향과 일치하면서 오르내리는 지수. 상품 수나 매출액이 이에 해당한다.

◉ 후행 지수

법인세나 고용자 수 등 경기 동향에 따라 오르내리는 지수.

돈 공부 ❼
03

인플레이션과 디플레이션을 알아보자

물가가 상승하는 현상을 인플레이션, 반대로 물가가 하락하는 현상을 디플레이션이라고 부른다.

인플레이션은 물가가 상승하고 화폐 가치가 하락하는 상태를 말한다. 예를 들어 지금까지 1개에 1,000원 하던 주스가 1,100원이 되었다고 하자. 주스 가격이 올랐다는 것은 반대로 돈의 가치가 떨어진 것과 같다 단, **경제가 성장하면 원칙적으로 인플레이션이 발생한다.** 과거에 비해 물가가 많이 오른 것은 어찌 보면 당연한 이야기다.

인플레이션은 극히 자연스러운 현상

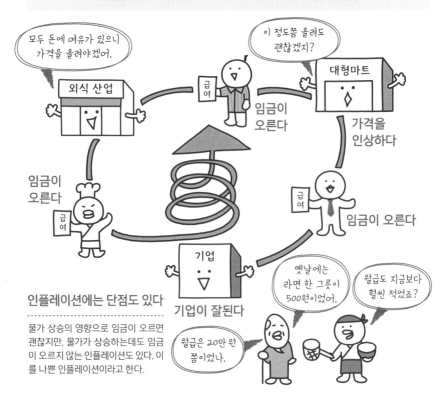

인플레이션에는 단점도 있다

물가 상승의 영향으로 임금이 오르면 괜찮지만, 물가가 상승하는데도 임금이 오르지 않는 인플레이션도 있다. 이를 나쁜 인플레이션이라고 한다.

인플레이션의 반대는 **디플레이션**이다. 즉, 물가는 떨어지고 화폐 가치는 올라가는 것을 뜻한다. 디플레이션 상황에서 소비자들은 소비 행동을 미루는 경향을 보인다. 최대한 구매를 미루면 저렴하게 살 수 있어서인데, 이러한 **구매 의욕 저하가 다시 디플레이션을 야기한다.** 그래서 일반적으로는 구매 의욕을 높이고 경제 순환을 잘되는 인플레이션이 선호된다.

구매 의욕이 떨어지면 디플레이션이 악화된다

돈 공부 ❼
04 은행 금리가 계속 낮은 이유는?

은행의 정기예금에 돈을 넣어두어도 금리가 너무 낮아서 큰 이득을 볼 수 없다. 왜 저금리가 계속되는지 그 이유를 알아보자.

은행의 **저금리** 현상이 지속되는 가장 단순한 이유는 바로 경기 불황 때문이다. 경기가 좋을 때 은행은 기업에 돈을 빌려주고, 기업은 이자를 붙여 은행에 갚는다. 그러면 은행은 예금자에게 높은 금리를 제공할 수 있는데, 그럴 수 없을 때 **한국은행에서는 기준 금리를 낮출 수 있다.** 이웃나라 일본의 경우 지속된 경기 불황으로 인해 정부에서 대대적으로 마이너스 금리 정책을 추진하고 있다.

저금리는 곧 경기 침체를 뜻한다

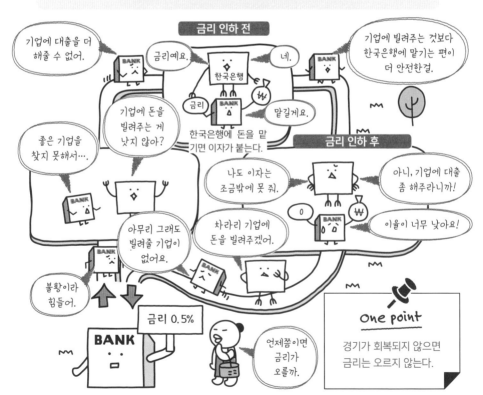

One point

경기가 회복되지 않으면 금리는 오르지 않는다.

금리가 계속 낮은 상태로 유지된다면 예금이나 적금을 하려는 이들은 조금이라도 금리가 높은 은행을 찾아야 한다. 여기서 보통예금과 정기예금의 금리가 다른 점에 주목해 보자. 보통예금은 입금이나 인출을 언제든지 할 수 있어 편리하지만, 예금자의 돈으로 수익을 얻으려는 은행 입장에서는 썩 달갑지 않다. **정기예금은 은행에서 효율적으로 자금 운영을 할 수 있으므로 예금자에게 높은 금리를 제공할 수 있다.**

금리가 높은 은행을 찾는 방법

113

돈 공부 ⑦ 05 경기가 좋아지려면 어떻게 해야 하는가? ①

정부와 한국은행이 실시하는 금융 부문의 경제 정책을 '금융정책'이라고 한다. 경기를 활성화하거나 억제하는 정책이다.

금융 정책은 물가와 통화 가치의 안정 그리고 경제의 지속적인 성장을 목적으로 하며, 때에 따라 금융긴축과 금융완화가 이루어진다. 여러 금융 정책 가운데 지급준비율 정책이 있다. 이는 일반은행이 예금자의 인출에 대비해 총예금액의 일정 비율 이상을 대출할 수 없도록 규정하는 것으로, 그 일정 비율을 지급준비율이라고 한다. **지급준비율을 내리면 은행은 자금에 여유가 생기고 기업에 대출해줄 수 있게 된다.**

지급준비율 정책이란?

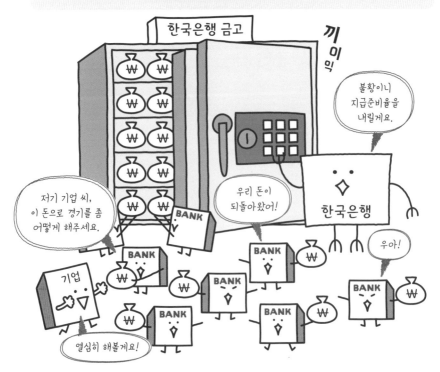

또 하나 대표적인 금융 정책으로는 공개시장조작 정책이 있다. 이는 한국은행이 공개시장에 개입하여 통화량을 조절하는 정책이다. 경기 과열이 일어나 인플레이션이 우려되면 한국은행이 일반은행에 국채 등을 팔아 시중의 통화량을 줄이는 매각 오퍼레이션을 실시한다. 반대로 통화량이 부족할 때는 매입 오퍼레이션을 통해 일반은행에서 국채 등을 매입함으로써 자금을 방출한다.

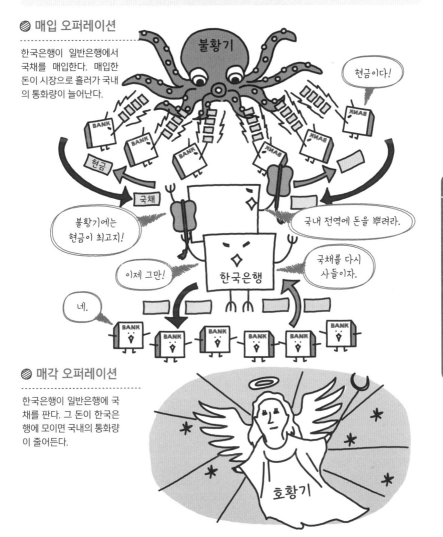

공개시장조작 정책이란?

◉ 매입 오퍼레이션

한국은행이 일반은행에서 국채를 매입한다. 매입한 돈이 시장으로 흘러가 국내의 통화량이 늘어난다.

불황기

현금이다!

불황기에는 현금이 최고지!

국내 전역에 돈을 뿌려라.

이제 그만!

국채를 다시 사들이자.

한국은행

네.

◉ 매각 오퍼레이션

한국은행이 일반은행에 국채를 판다. 그 돈이 한국은행에 모이면 국내의 통화량이 줄어든다.

호황기

돈 공부 ❼

06

경기가 좋아지려면 어떻게 해야 하는가?②

경기를 조절하는 정책은 정부에서도 실시한다. 이 경제 정책을 '재정 정책'이라고 하는데, 이 정책이 우리 경제를 이끌어가는 중요한 역할을 한다.

금융정책이 금융기관을 이용해 통화량을 조절한다면, 재정 정책은 주로 정부 자체나 국민의 경제 활동을 이용해 통화량을 조절한다. 대표적인 **재정 정책**으로는 세제 개편이 있다. **정부가 세금 제도를 수정하면 국민은 이에 따라 세금을 많이 내거나 적게 낸다.** 이를 통해 통화량이 조절된다.

재정 정책이 국민의 돈을 조절한다

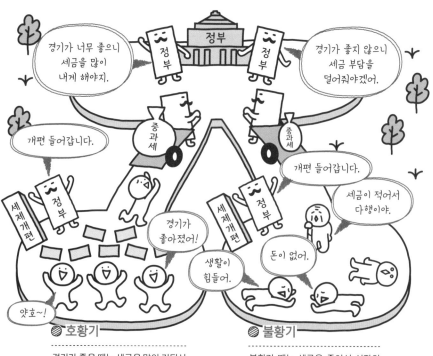

경기가 좋을 때는 세금을 많이 거둬서 시장의 통화량을 줄인다.

불황기 때는 세금을 줄여서 시장의 통화량이 줄지 않도록 한다.

116

정부가 시행하는 또 다른 재정 정책으로는 공공사업 정책이 있다. 이는 다리와 도로 등 인프라 시설을 만들 때 펼치는 정책으로, 먼저 수주업자에게 고액의 자금이 들어간다. 이후 중장비, 공구 임대업체, 인근 주민, 노동자 등에게 비용이 지급되면서 2차, 3차로 통화량이 늘어나게 된다. 특히 **일이 적은 지방에서는 고용 창출이 동시에 일어나 많은 효과를 거두고 있다.**

공공사업 정책은 경기 활성의 활력소

돈 공부 ⑦
07

세계를 위협한 금융 위기란?

경기가 좋고 나쁨은 우리나라만의 이야기가 아니다. 2007년에 표면화된 서브프라임 모기지 사태는 글로벌 금융 위기의 도화선이 되었다.

1990년대 중반 미국에서는 소득이 낮은 사람도 주택담보대출을 받을 수 있는 서브프라임 모기지가 크게 유행했다. **당시 미국은 땅값이 오르고 있었기 때문에 돈을 빌리는 사람이나 빌려주는 사람 모두 대출 상환이 어려울 경우 토지와 집을 팔면 문제가 되지 않는다고 생각했다.** 하지만 땅값이 폭등하고 거품이 빠지자 주택 대출을 받았던 사람들이 하나둘씩 대출금을 갚을 수 없는 지경에 이르고 말았다.

세계 경제를 위협한 리먼 쇼크

서브프라임 모기지 문제는 여기에서 그치지 않았다. 저소득자의 주택담보대출은 파생상품으로 만들어져 증권회사를 통해 전 세계 투자가들에게 널리 퍼졌다. 미국의 투자은행인 리먼 브라더스는 위험성이 큰 상품을 취급하다가 신용을 잃고 파산했다. 또, 리먼 브라더스가 가입한 보험회사 AIG도 위기 상황에 빠졌으나 미국 정부의 자금 원조를 받아 구제되었다.

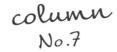

제로 금리에 대비하자

각국 중앙은행의 금리를 보면 대부분 제로에 가까운 것을 볼 수 있다. 2020년 9월 기준 미국의 기준 금리는 0.00%~0.25% 이며 당분간 인상하지 않을 것임을 발표했다. 일본은 마이너스 0.1%로 오히려 이자가 마이너스인 상황이다. 우리나라는 0.50%로, 경기가 본격적인 회복세를 보이지 않으면 인상하지 않을 것으로 예상된다.

중앙은행은 경기가 나쁘면, 시중에 돈을 풀어 경기를 회복시키기 위해 금리를 낮추고, 반대로 경기가 과열되어 진정시켜야 하는 경우에는 금리를 올린다. 중앙은행이 금리를 낮추면 이에 따라 일반은행 역시 금리를 낮춘다. 은행에 돈을 맡기고 받을 수 있는 예금·적금의 이자가 줄어드는 것이다. 우리나라의 경우 2020년 9월 기준 정기예금 금리는 약 연 1% 내외, 정기적금 예금은 2% 내외인 상황이다. 앞으로 경기가 더 악화되어 한국은행이 기준 금리를 더 낮추면 각 시중은행들 역시 금리를 낮출 것이다. 심한 경우 은행에 돈을 맡겨도 이자를 받을 수 없게 될지도 모른다. 그러니 지금부터라도 부지런히 재테크를 공부할 필요가 있다.

08

돈을 늘리는 비결

돈의 구조를 어느 정도 이해했다면
이 장에서는 돈을 늘리는 비결에 대해 이야기한다.
금융 상품의 구조를 알면
지금보다 자산이 늘어날지도 모른다.

01 주식회사의 성립

'투자' 하면 자연스레 주식투자가 떠오른다. 주식은 주식회사에서 발행하는 증서이다. 이러한 주식회사의 성립 과정과 구조를 알아 보자.

세계 최초의 **주식회사**는 아시아까지 향신료를 사러 갔던 네덜란드의 동인도회사다. 당시에는 출항한 배가 난파할 위험이 컸는데, 항해하던 배가 가라앉으면 투자자들은 큰 손해를 입었다. 그래서 배가 가라앉아도 손해를 적게 보도록 많은 사람이 조금씩 자금을 내는 방법을 고안했다. '**손해는 적게, 수익은 모두가 나눠 가진다**'는 생각이 바로 주식회사의 목표이자 기본 구조다.

회사는 주주에게 받은 돈으로 성장한다

주식회사 덕분에 세상은 크게 발전했다. 설령 파산하더라도 한 사람이 입는 손실이 적기 때문에 다시 새로운 회사를 차릴 수 있었을 뿐만 아니라 자금이 부족한 사람도 회사를 시작할 수 있었다. 이러한 회사에 출자한 사람을 주주라고 한다. **한 사람 한 사람이 내는 돈은 적더라도 여러 사람이 돈을 모으면 자금이 늘어나 회사가 성장한다.**

돈 공부 ⑧
02 주식의 구조

주식이 무엇인지 물었을 때 정확히 아는 사람은 그리 많지 않을 것이다.
지금부터 주식의 구조에 대해 자세히 공부해 보자.

주식은 주식회사를 세우기 위해 돈을 낸 주주에게 주어지는 권리를 말한다. 주식을 사면 주주는 회사의 경영을 맡는 경영자 중 한 명이 될 수 있다. 회사의 경영이나 중요한 결정은 주주에게 의논하면서 결정해야 한다. 보통 1년에 한 번 주주 총회가 열리며 주주는 회사의 경영을 맡을 이사를 선출하기도 한다.

회사 내 주주의 입지

One point

주주의 지위나 권리 등을 증명하는 서류가 있는데, 이를 증권이라고 한다. 2019년부터는 도난과 실실 등을 방지하고 증권 거래의 투명성을 강화하기 위해 증권을 실물로 발행하지 않고 전자등록기관(한국예탁결제원)에서 전자화하여 발행하고 있다.

주주총회에서는 회사의 경영자들이 사업 보고를 하며, 사업이 순조롭게 진행된 일이나 결과가 좋지 않았던 이유 그리고 신규 사업 등에 대해 설명한다.

회사가 이익을 내면 그 일부를 주주에게 환원한다. 이 돈을 배당금이라고 한다. 사업이 적자가 나면 배당이 없지만, 반대로 이익이 늘어나면 배당도 많아진다. 이에 따라 주식을 원하는 사람이 많아지면 주주는 자신의 주식을 매각할 수도 있다. **주식을 팔거나 사는 곳을 주식시장이라고 하며, 주식거래는 증권회사를 통해 이루어진다.**

다양한 주식 흐름

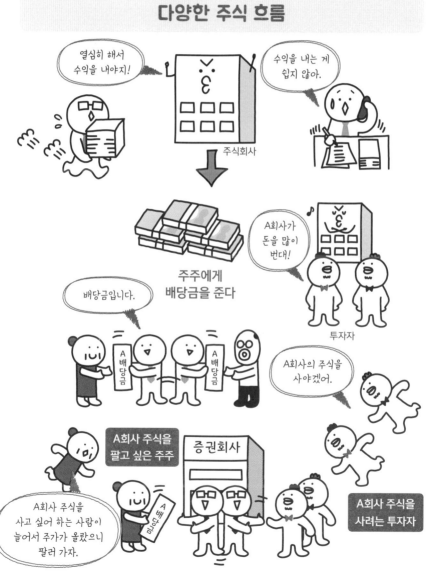

03

주가는 어떻게 결정되는가?

주식의 가치가 변하는 것은 흔한 일이다. 그렇다면 주가는 왜 움직이는 가? 그 이유를 살펴보자.

주식시장에서는 투자자가 **주가**를 결정한다. 예를 들어 1,000원으로 주식을 사려는 투자자와 1,200원에 주식을 파는 투자자 사이에 가격 절충이 이루어진 시점에서 매매가 성립한다. 절충된 그 가격이 현재의 주가가 된다. **경제 상황이나 회사의 실적 그리고 주식을 사려는 사람과 파는 사람의 균형에 따라서도 주가는 달라진다.**

구매자와 판매자의 심리가 중요하다

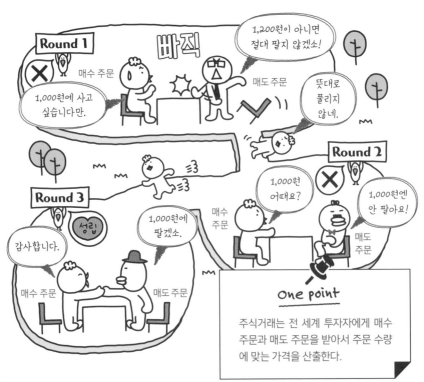

One point

주식거래는 전 세계 투자자에게 매수 주문과 매도 주문을 받아서 주문 수량에 맞는 가격을 산출한다.

예를 들어, 어떤 주가가 현재 1만 원이라고 하자. 회사 실적도 좋아서 어떤 투자자가 1만 원에 매수 주문을 했다. 그런데 다른 투자자가 그 주식을 사고 싶은 마음에 1만 5,000원으로 주문할 수 있다. 주주는 당연히 높은 가격을 제시한 투자자에게 매도할 것이므로 그 주식에는 1만 5,000원이라는 가격이 붙는다. **이런 경우 주식의 가격이 올랐다고 해석된다.**

주가는 매수자와 매도자의 심리가 반영되어 결정된다

A회사의 주가는 1만 원.

A회사
10,000

주식을 매도하려는 투자자가 많을 경우, 구매자는 조금이라도 저렴하게 파는 쪽을 선택하므로 주가는 내려간다.

매수 주문

매도 주문

A회사

1만 2천 원으로 거래합시다.

1만 2천 원이라면 사겠어요.

앗, 벌써 다른 투자자와 거래를 했잖아?

10,000
5,000

자금을 좀 더 가져와야겠어.

BANK

1만 5천 원은 어떠세요?

성립

1만 원에서 1만 5천 원까지 오르다니, 신난다!

1만 5천 원은 무리야.

주식을 사려는 투자자가 많을 경우, 매도자는 조금이라도 높은 가격을 제시한 사람에게 팔게 되므로 주가가 오른다.

초보자는 주식보다 펀드가 낫다

주식을 사고팔아 돈을 버는 것을 주식투자라고 한다. 투자에는 다양한 종류와 요령이 있는데, 그중에서 전문가의 도움을 받는 방법도 있다.

주식이나 채권 등 다양한 투자 상품이 있는데, 무엇을 어느 때 구입하면 좋을지 판단하기는 매우 어렵다. 이때 유용한 도움을 줄 수 있는 것이 **펀드**라는 금융 상품이다. **펀드는 투자자로부터 모은 돈을 다양한 투자 상품에 분산 투자하고, 운용으로 얻은 이익을 투자자에게 돌려 준다.** 주식투자에 비해 위험을 분산시킬 수 있어 초보자도 쉽게 시작할 수 있다.

투자 전문가에게 운용을 맡긴다

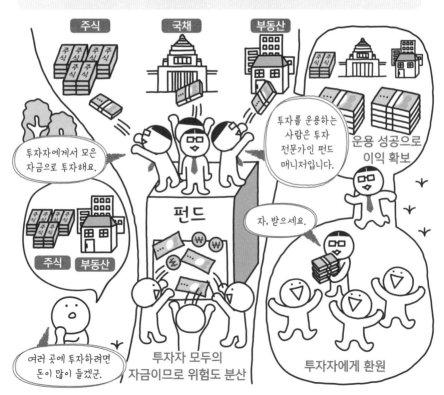

펀드에 투자하는 것은 분산투자, 주식에 투자하는 것은 집중투자라고 한다. **주식투자에서 실패하지 않는 비결은 좋은 주식을 저렴하게 사는 것이다.** 좋은 주식은 앞으로의 성장 가능성이 높은 회사의 주식을 말한다. 주가가 적당한 수준일 때 주식을 사고, 올랐을 때 팔아서 그 차액을 얻는 것이 주식투자의 기본이다. 반대로 높은 주가를 사게 되면 손해를 입을 가능성이 있다.

주식투자의 흐름

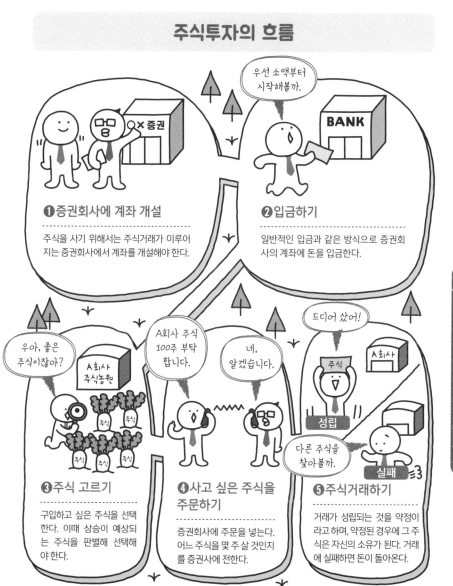

우선 소액부터 시작해볼까.

❶증권회사에 계좌 개설

주식을 사기 위해서는 주식거래가 이루어지는 증권회사에서 계좌를 개설해야 한다.

❷입금하기

일반적인 입금과 같은 방식으로 증권회사의 계좌에 돈을 입금한다.

우아, 좋은 주식이잖아?

A회사 주식 100주 부탁합니다.

네, 알겠습니다.

드디어 샀어!

다른 주식을 찾아볼까.

❸주식 고르기

구입하고 싶은 주식을 선택한다. 이때 상승이 예상되는 주식을 판별해 선택해야 한다.

❹사고 싶은 주식을 주문하기

증권회사에 주문을 넣는다. 어느 주식을 몇 주 살 것인지를 증권사에 전한다.

❺주식거래하기

거래가 성립되는 것을 약정이라고 하며, 약정된 경우에 그 주식은 자신의 소유가 된다. 거래에 실패하면 돈이 돌아온다.

05

기억해야 할
주식투자의 마음가짐①

주식은 가치가 항상 변동하므로 너무 기뻐하거나 절망할 필요는 없다.
돈을 벌기 위해서는 먼저 주식에 대한 지식을 쌓는 것이 중요하다.

주식투자를 통해 돈을 벌 수도 있지만 잃을 수도 있다. 그래서 긴급 상황을 대비해 예비 자금을 준비하는 것이 바람직하다. 매월 수입이 빠듯하거나 저축이 없으면 투자하기 어렵다. 돈만 있으면 주식을 살 수 있지만, 매각 처분으로 인해 손해를 입기도 한다. 주식투자는 전문가를 위한 투자이므로, 지식을 갖춘 다음 시작하도록 하자.

투자를 하기 위해서는 지식이 축적되어야 한다

❹ 정보 수집

주식을 살 회사의 정보를 수집하는 일도 중요하다. 실적은 물론 TV나 인터넷 뉴스도 살펴봐야 한다.

자, 주식투자를 해볼까?

증권회사

○×증권

주식투자, 이렇게 실패할 수도 있겠구나.

주식 주식 A회사

이 회사는 실적이 좋군.

메모

One point

사려는 주식에 투자할 가치가 있는지 판단하기 위한 자료로는 주가 차트가 있다. 주가 차트는 주가가 오르거나 내리는 현상을 그래프로 나타낸 표다.

❸ 주가 차트 보기

향후의 예측을 위해서 주가 차트 보는 법을 익혀두자.

저축이 중요해!

❷ 타인의 실패에 주목하기

단 한 번의 실패가 치명타가 되는 주식투자. 어떤 실패와 위험이 따르는지 인터넷을 통해 연구하고 최대한 줄이는 것이 중요하다.

❶ 저축하기

소액 저축을 투자로 돌리면 더 큰 손해를 입을 수 있다. 질병이나 부상 등 급하게 돈이 필요할 때가 생기므로 충분히 저축하고 유지해야 한다.

투자에 따른 위험을 정확히 파악하는 일 또한 중요하다. 투자에 따른 위험은 불확실성 때문에 생겨난다. 예를 들어 상품 가격이 투자한 금액보다 밑도는 **원금 손실**이 있다. 하지만 **이러한 위험을 두려워해서는 투자로 성공을 거두기 쉽지 않다.** 앞에서 설명했듯이 전문가의 조언이나 전문 서적으로 지식을 쌓으려는 마음가짐이 매우 중요하다.

최대 위험은 불확실성

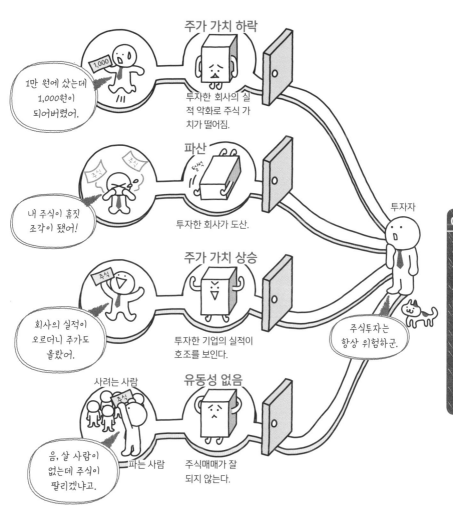

주가 가치 하락

1만 원에 샀는데 1,000원이 되어버렸어.

투자한 회사의 실적 악화로 주식 가치가 떨어짐.

파산

내 주식이 휴짓조각이 됐어!

투자한 회사가 도산.

주가 가치 상승

회사의 실적이 오르더니 주가도 올랐어.

투자한 기업의 실적이 호조를 보인다.

유동성 없음

사려는 사람

음, 살 사람이 없는데 주식이 팔리겠냐고.

파는 사람

주식매매가 잘 되지 않는다.

투자자

주식투자는 항상 위험하군.

돈 공부 ⑧

06

기억해야 할 주식투자의 마음가짐②

주식투자를 하면서 주가 변동에 흔들리는 사람이 많다. 투자 방법에 대해 제대로 배워보자.

주식투자로 돈을 벌지 못하는 전형적인 유형이 있다. 주가가 오른 지점에서 사고, 일시적으로 내린 지점에서 주식을 매각하는 투자자이다. **단기간에 큰돈을 벌려고 하는 행동은 주식투자의 실패로 이어진다.** 시세 하락을 예상하지 못한 채 주식이 상승했을 때 충동적으로 매수하는 위험을 줄이는 방법이 있다. 바로 저가 매수 방법이다.

기회는 주가 하락이 멈췄을 때

하락 지점이란 주가가 상승하는 도중에 일시적으로 다시 내려가는 곳을 말한다. **주가가 내려간 지점에서 다시 주가 상승을 예측하고 구입하는 방법을 저가 매수라고 한다.** 저가 매수를 하기 위해서는 주가의 움직임을 분석해야 하는데, 주로 전문가가 사용하는 방법이다. 비교적 성공률은 높지만, 상승 여력이 충분한 주가인지 판단하기는 정말 어려운 일이다.

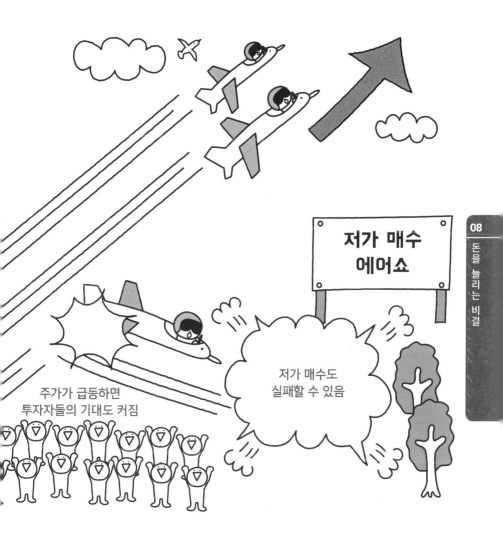

저가 매수
에어쇼

저가 매수도
실패할 수 있음

주가가 급등하면
투자자들의 기대도 커짐

돈 공부 ⑧

07 자신에게 맞는 투자 방법을 선택한다

초심자들은 특정 상품만 생각하고 투자할 때가 많은데, 투자할 상품의 종류는 매우 다양하다. 투자 상품의 특징을 함께 살펴보자.

일반적인 **투자 상품**으로는 주식이 있다. 주식은 큰 수익을 기대할 수 있다는 장점이 있으나 반대로 가격 하락이나 기업의 도산 등 위험을 동반하기도 한다. 예를 들어 1억 원으로 구입한 중고 단독주택을 리모델링해서 1억 3천만 원에 팔면 3천만 원의 이익을 낼 수 있는 부동산 투자가 있다. 하지만 **부동산 투자에는 비용이 많이 드는 만큼 위험도 크다.**

투자 상품의 종류

주식은 비교적 큰 이익을 기대할 수 있지만, 손실의 가능성도 있다.

제3자에게 부동산을 빌려주거나 부동산 자체의 매매를 통해 이익을 얻는 투자 방법.

채권 투자 또한 대중적인 인기를 얻고 있다. 채권은 국가나 지방 공공단체, 기업 등이 자금을 마련하기 위해 발행하는 차용 증서를 말한다. **국가나 기업의 재정이 파탄나거나 도산하지 않는 한 원금을 상환하지 못할 일은 없기 때문에 원금 보장이 된다는 장점이 있지만, 수익률 측면에서는 메리트가 거의 없다.** 이처럼 투자 상품에는 다양한 유형이 있으며, 리스크와 수익률도 각각 다르다.

채권은 수익성이 낮지만 원금 및 이자 지급이 보장되므로 리스크가 적은 투자이다.

금은 그 자체에 가치가 있어 환금성이 우수하다. 또 주식이나 채권처럼 회사의 파산으로 가치가 떨어질 염려가 없다.

돈 공부 ❽

08 증권회사의 역할은?

실제로 주식을 팔거나 살 경우 증권회사가 중개 창구의 역할을 한다. 증권회사의 구체적인 역할을 알아보자.

증권회사는 주로 증권거래소와 투자자 사이를 중개해 수수료를 받고 주식거래를 성사시키는 위탁매매 업무를 담당한다. 한편, 증권회사도 스스로 주식거래에 참여해 자금을 늘리기도 하는데, 이를 자기매매 업무라고 한다. **자기매매 업무는 일반 주주와의 충돌을 피하기 위해 증권회사가 보유할 수 있는 증권의 한도 금액을 정해놓고 있다.**

증권회사의 주요 업무

◉ **위탁매매 업무**

매수 주문과 매도 주문을 받아 증권거래소에 전달하는 업무.

> 증권거래소

> 알겠습니다.

> A회사의 주식을 1,000주 부탁합니다.

> 투자자

◉ **자기매매 업무**

증권회사가 일반 투자자와 마찬가지로 주식 등의 유가증권을 사고판다.

> 신난다! 내 돈으로 산 주식이 올랐어!

> 하나둘!

> 하나둘!

또, **증권회사는 신규 주식이나 채권 등 유가증권을 매입해 판매하는 인수주선 업무도 처리한다.** 유가증권이란 어음, 수표, 상품권 등을 소지한 사람의 재산권을 증명하는 문서다. 그밖에 비슷한 업무로 판매 업무가 있다. **판매 업무는 기업으로부터 의뢰를 받아 주식 등을 일반 투자자에게 판매하는 일이다.**

◉ 인수주선 업무

신규 주식과 채권 등을 매입해 판매하는 업무를 말한다. 팔리지 않고 남은 경우는 증권회사가 매입하므로 손실이 발생할 수도 있다.

◉ 판매 업무

발행처나 인수회사로부터 위탁을 받아 주식 등 유가증권을 일반 투자자에게 판매하는 업무. 인수주선 업무처럼 팔리지 않고 남아도 매입할 필요가 없다.

돈 공부 ⑧
09 외환이란?

우리나라 이외의 국가에서 사용하는 돈의 종류는 굉장히 많다. 서로 다른 돈으로 거래하는 경우에 대해 생각해보자.

미국에 여행을 갔다면 당연히 우리나라 돈을 사용할 수 없다. 미국에서 쇼핑하려면 원화를 미국의 달러로 교환해야 한다. 이렇게 **두 종류의 화폐를 교환하는 것을 외환이라고 한다.** 물론 원과 달러 이외의 돈도 교환할 수 있으며, 이러한 외환 거래가 이루어지는 곳을 외환시장이라고 부른다.

24시간 세계 각국에서 거래되는 돈

기축통화인 달러는 국제적인 은행에서 거래가 가능하다

아시아 시장

바레인 BD $

홍콩

서울 ₩ $

元 $

싱가포르 S$ $

오세아니아 시장

오스트레일리아 A$ $

시드니

뉴질랜드 웰링턴

웰링턴 시장에서 시작

외환시장은 특정 장소를 지칭하지 않는다. 인터넷 등 통신기기를 활용한 시장이다. 이러한 외환시장은 크게 두 가지로 나뉜다. **하나는 은행 등 금융기관만이 참가할 수 있는 인터뱅크 시장이고, 다른 하나는 은행이 기업이나 개인을 상대로 거래하는 대고객 시장이다.** 24시간 언제든지 외환 거래가 가능하며 웰링턴과 시드니를 시작으로 전 세계에서 거래가 이루어지고 있다.

One point

예를 들어 달러를 한국의 원으로 바꿀 때 1달러가 1,100원이면, 1,100원으로 1달러를 살 수 있다는 뜻이다. 이 같은 통화 교환 비율을 환율(외환)이라고 한다.

유럽
시장

런던

프랑크푸르트

쉬리히

뉴욕
시장

이집트

거래량이 큰 도쿄, 런던, 뉴욕은 세계 3대
외환시장이라고 불린다

10 원고와 원저란 무엇인가?

돈 공부 ⑧

우리나라 돈(원)의 가치는 오르기도 하고 내리기도 한다. 달러 대비 환율이 낮을 때와 높을 때, 즉 원고와 원저의 차이점을 살펴보자.

앞에서 설명한 바와 같이 **외환시장에서 원화의 가치는 매일 변한다.** 예를 들어, 원을 달러로 바꾸고 싶은 사람이 많아지면 달러의 가치가 높아진다. 이 현상을 **원저**라고 하며, 반대로 달러를 원으로 바꾸려는 사람이 많아지면 원의 가치가 높아진다. 이것을 **원고**라고 한다.

원고와 원저의 구조

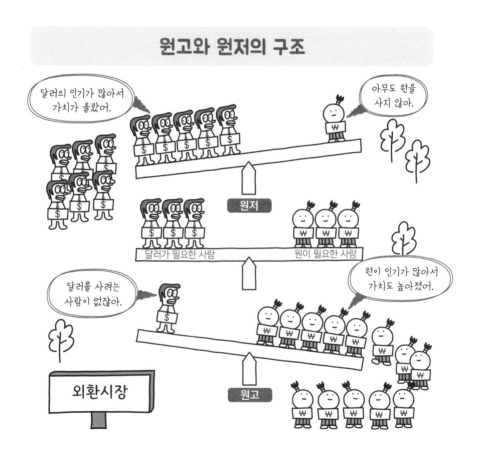

원저 현상이 나타나면 원이 많이 팔린다. 원이 많이 팔리면 가치가 하락한다. 예컨대 지금까지 1달러짜리 물건을 사는 데 1,100원이 필요했다면, 원의 가치가 떨어져 1,500원이 필요해진다. 원고는 그 반대다. 1달러에 1,100원 하던 물건이 900원이 되면 원고 현상으로 본다. 국외 여행은 원고일 때 저렴하게 갈 수 있고, 반대로 국외로 수출할 경우에는 원저일 때 많은 이익을 얻을 수 있다.

원고와 원저의 장단점

돈 공부 ❽
11

채권은 안전한 투자 상품인가?

수많은 투자 상품 중 채권이 초보자에게 적합하다. 비교적 위험 부담이 낮은데, 이러한 채권의 안전성과 장점에 대해 소개한다.

채권이란 국가나 지방자치단체, 기업 등이 투자자로부터 돈을 빌릴 때 발행한다. 국가가 발행하는 것을 국채, 기업이 발행하는 것은 사채 그리고 지방자치단체가 발행하는 것은 지방채라고 한다. 각 조직이나 단체는 채권을 투자자에게 매매해서 돈을 마련한다. **투자자는 채권을 보유하는 동안 정기적으로 이자를 받을 수 있고 만기 후에는 원금을 받을 수 있다.**

채권의 구조

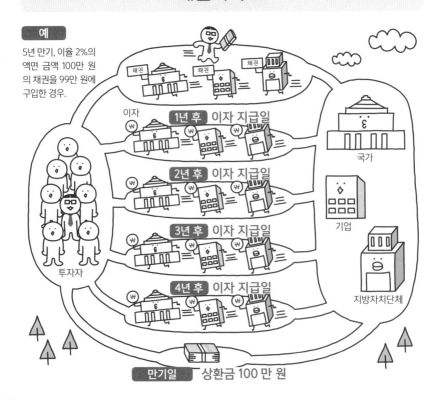

예

5년 만기, 이율 2%의 액면 금액 100만 원의 채권을 99만 원에 구입한 경우.

이자

1년 후 이자 지급일

2년 후 이자 지급일

3년 후 이자 지급일

4년 후 이자 지급일

투자자

국가

기업

지방자치단체

만기일 상환금 100만 원

채권은 만기까지 기다리지 않아도 환금이 되는 등 비교적 위험 부담이 적고 안전하다는 장점이 있다. **처음 채권을 구입할 때 채권의 만기 기간과 이율이 결정되어 있기 때문에 투자자로서는 비교적 계획을 세우기가 쉽다.** 수많은 투자 상품 중에서도 채권이 초심자에게 적합한 이유가 바로 이 때문이다. 채권은 증권회사에서 구입할 수 있다.

계획을 세우기 쉬운 것이 장점

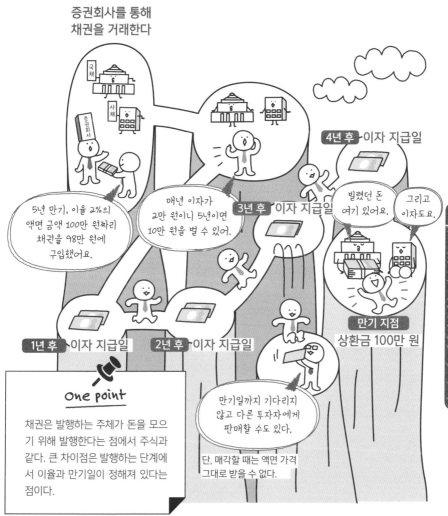

증권회사를 통해 채권을 거래한다

5년 만기, 이율 2%의 액면 금액 100만 원짜리 채권을 98만 원에 구입했어요.

매년 이자가 2만 원이니 5년이면 10만 원을 벌 수 있어.

4년 후 이자 지급일

3년 후 이자 지급일

빌렸던 돈 여기 있어요.

그리고 이자도요.

만기 지점
상환금 100만 원

1년 후 이자 지급일

2년 후 이자 지급일

만기일까지 기다리지 않고 다른 투자자에게 판매할 수도 있다.

단, 매각할 때는 액면 가격 그대로 받을 수 없다.

one point

채권은 발행하는 주체가 돈을 모으기 위해 발행한다는 점에서 주식과 같다. 큰 차이점은 발행하는 단계에서 이율과 만기일이 정해져 있다는 점이다.

143

돈공부 ⑧

12 ETF란 무엇인가?

ETF는 'Exchange Traded Fund'의 약칭으로, 상장지수펀드라고도 한다. ETF의 구조와 장점에 대해 소개한다.

ETF(상장지수펀드)는 투자 운용을 펀드매니저에게 맡긴다는 점에서는 일반 펀드와 비슷하다. 다른 점이라면 ETF는 증권거래소에 상장된 금융 상품이라는 것. 즉, 펀드를 증권거래소에서 주식처럼 매매할 수 있다는 점이다. 또 **투자 대상이 다양하며 가격이 자주 변동하기 때문에 적당한 가격일 때 주문할 수 있다는 점이 특징이다.**

ETF와 펀드의 차이

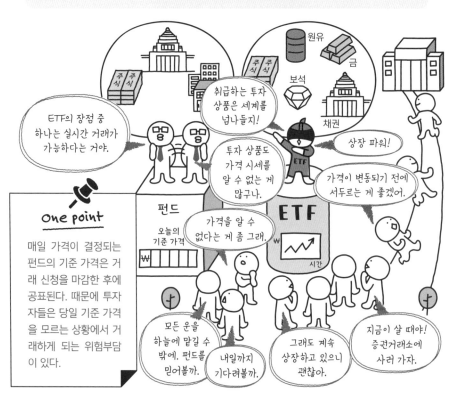

One point

매일 가격이 결정되는 펀드의 기준 가격은 거래 신청을 마감한 후에 공표된다. 때문에 투자자들은 당일 기준 가격을 모르는 상황에서 거래하게 되는 위험부담이 있다.

한편 ETF는 펀드와 달리 한 주 단위로 매입할 수 있고 지정된 가격으로 구매할 수는 없다. 이는 증권거래소의 거래 시간 내에 ETF를 파는 측과 사는 측의 합의에 따라 가격이 결정되기 때문이다. 따라서 ETF는 단 하루 만에 수익을 낼 수도 있다. 또 펀드에 비해 판매 수수료와 보수가 저렴하다는 점도 장점이다.

펀드에 비해 비용이 적게 든다

ETF나 펀드를 활용하려면 수수료와 보수를 지불해야 한다. 수수료는 사거나 팔 때 한 번만 지불하는 것이고, 보수는 펀드 가입 기간 중 계속 내는 돈으로, 자산 운용사에 내는 운용 보수, 은행이나 증권사에 내는 판매 보수가 있다.

ETF 거래

1주에 1,000원은 어때요?

1,100원은?

더 없습니까!

구매자 판매자

증권거래소

수수료는 100만 원당 1,500원이란 말이지.

인터넷 증권은 수수료가 저렴하군.

거래 상황에 따라서 ETF의 가격은 변한답니다.

판매 수수료 0%, 총 보수 2%예요.

다행이다!

선취판매 수수료 1%, 총 보수 2.44%입니다.

펀드

ETF

₩

시간

ETF보다 비싸잖아.

펀드

음, 비싸요.

방금 투자한 ETF가 올랐으니 팔아야지.

1주에 몇 단위까지 살 수 있는지 알 수 있어.

후취판매 수수료 1.2%, 총 보수 2.8%예요.

펀드

펀드는 펀드마다 수수료와 보수가 다르며, 계약 기간 이전에 팔 때는 환매 수수료도 내야 한다. 반면 ETF는 환매 수수료가 없고, 증권거래세가 면제되며, 판매 수수료도 0.1~0.5%로 저렴한 편이다.

신용거래란 무엇을 의미하는가?

돈 공부 ⑧

13

돈 거래를 위해서는 신용이 아주 중요하다. 투자 세계에도 신용거래라는 시스템이 활용되고 있다.

일반적인 주식거래는 증권회사에 돈을 맡기고 정해진 금액 내에서 매매를 한다. 이와 달리 **신용거래**는 증권회사에 돈을 빌려서 그 돈으로 주식투자를 한다. 그래서 증권회사에 맡긴 금액 이상의 운용을 할 수 있다. **신용거래에서 보유 자금 이상의 주식을 구입하는 것을 신용 매수라 하고, 증권회사로부터 주식을 빌려서 파는 것을 신용 매도라고 한다.**

신용 매수와 신용 매도

저를 믿어주세요.   신용 매수

돈을 빌린다   주식 구입

증권회사   보증금을 맡긴다   신용 매수   주식을 받는다   증권   주식시장

저를 믿어주세요

증권   주식을 빌린다   증권   주식 매각

● 신용 매도

보증금을 맡긴다   신용 매도   대금을 받는다

신용 매도는 주식을 빌려서 매매하는 형태 즉, 공매도를 말한다. 비싸게 팔아 싸게 환매하면 이익을 볼 수 있다.

돈을 빌리고 싶을 때는 증권회사에 주식 구입 대금의 일부를 위탁증거금으로 예치해야 한다. 위탁증거금은 주식거래를 할 때 내는 일종의 보증금으로, 신용거래를 할 때는 원하는 액수의 40~60% 정도가 필요하다. 즉, 신용거래를 활용하면 갖고 있는 자금의 두 배 정도를 운용할 수 있게 된다. 이렇게 **적은 원금으로 큰 자금을 움직여 이익을 노리는 투자를** 레버리지라고 한다.

레버리지의 빛과 그림자

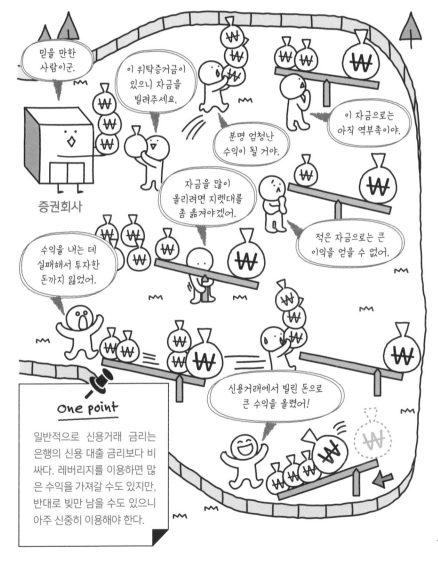

one point

일반적으로 신용거래 금리는 은행의 신용 대출 금리보다 비싸다. 레버리지를 이용하면 많은 수익을 가져갈 수도 있지만, 반대로 빚만 남을 수도 있으니 아주 신중히 이용해야 한다.

14

부동산 투자로
돈을 벌 수 있을까?

자산 운용은 금융 상품에 투자하는 것만 뜻하지 않는다. 빌라나 아파트 등 부동산과 관련된 투자 또한 주목을 받고 있다.

아파트나 다세대 주택, 오피스텔, 상가 등으로 전월세 수입을 얻거나 소유한 부동산의 가치가 올랐을 때 매매해서 시세 차익을 얻는 것이 부동산 투자이다. **임대 운영은 정기적으로 안정된 수입이 들어오는 좋은 투자 상품으로 여겨지지만, 타인에게 집을 빌려주고 돈을 벌기까지는 많은 노력과 시간이 필요하다.** 공실이나 가치 하락에 따른 수입 손실의 위험 또한 감수해야 한다.

부동산 투자의 리스크는 공실

예를 들어 1억 원짜리 오피스텔을 구입하고 얻을 수 있는 연간 임대료가 500만 원이라면 원금을 회수하기까지 최소 20년이 걸린다. 그러나 부동산은 불확실한 요소가 많고 **건물이 오래되면 임대료 하락이나 공실 등의 문제로 수입이 없거나 수리비 및 관리비 외에 많은 비용이 발생하기도 한다.** 그러나 안정적으로 수입을 얻으려는 사람에게는 매력적인 투자 대상이라고 할 수 있다.

부동산 투자의 리스크

비과세 혜택을 활용하라

　일본 정부는 '저축을 투자로'라는 슬로건을 내걸고 지금까지 저축형에서 투자형으로 국민의 의식을 변화시키려는 노력을 하고 있다. 그 이유는 은행에 돈을 저축하기보다 투자에 돈을 쓰는 편이 시장의 활성화에 직접적인 영향을 주기 때문이다.

　그러던 중에 개인투자자를 위한 소액 투자 비과세 제도인 NISA가 2014년에 일본에서 시행되었다. 이 제도를 이용하면 전용계좌에서 얻은 주식이나 펀드의 수익에 대해 비과세 혜택을 받는다. 기본적으로 투자에서 얻은 이익에 약 20%의 세금이 발생하는데, 전부 되돌려 받게 되는 혜택이 뛰어난 제도로 평가받고 있다. 또 일반적인 NISA와 함께 적립 전용인 적립형 NISA, 미성년자를 대상으로 보호자가 운영하는 주니어 NISA도 있다.

　대한민국 역시 비과세 통장으로 ISA(개인종합자산관리계좌)가 있다. 대한민국 국민(거주자)은 모두 가입 자격이 있으니 비과세 혜택을 활용해볼 수 있다.

투자를 위해 알아야 할 돈의 구조

투자에 흥미가 있어도 금융의 세계는
전문적이고 복잡하기 때문에 이해하기 어려워하는 사람이 많을 것이다.
금융의 구조를 하나씩 살펴보고 투자 지식을 쌓아보자.

돈 공부 ⑨
01 회사의 가치는 어떻게 결정되는가?

기업이 일반 대중으로부터 평가를 받는 일은 기업의 존속을 위해 꼭 필요하다. 지금부터 회사의 가치에 대해 생각해보자.

회사의 가치란 무엇인가? 바로 회사의 가격이다. 수많은 회사 중에 상장된 회사의 주식매매는 증권거래소 등에서 이루어진다. 그렇다면 회사의 주식을 사는 데는 얼마가 필요할까? **실적이 좋다고 소개된 회사의 주식이 상승하는 이유는 매수자가 매도자보다 많기 때문이다.** 즉, 상장 기업의 가격은 시장에서 결정된다.

매수세의 증가에 힘입어 주가도 상승한다

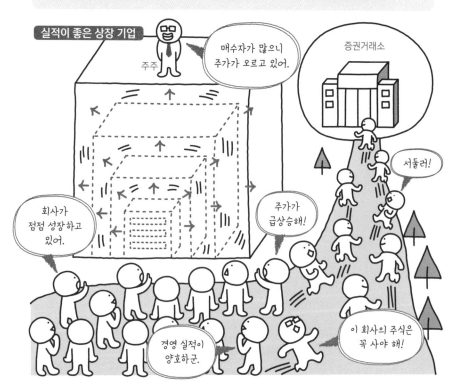

상장 기업의 주가에 발행된 주식 수를 곱한 가격을 기업의 **시가총액**이라고 한다. 이는 기업의 가치나 규모를 측정하는 데 사용되므로 시가총액을 참고하는 투자자가 많다. 당연한 말이지만, 주가 변동에 따라 회사 시가는 변동한다. **주가가 상승하면 시가총액도 오르고, 주가가 떨어지면 시가총액도 감소한다.**

회사의 가치를 알 수 있는 시가총액

None

KEY WORD ☑ 재무제표

재무제표는 경영 상태를 파악하는 척도

돈 공부 ⑨ 02

회사에는 다양한 사람들의 이익이 얽혀 있기 때문에 정기적으로 회사의 상황을 보고할 책임이 있다. 여기서 이용되는 것이 재무제표이다.

재무제표란 다시 말해 '회사의 가계부'이다. 각 가정과 마찬가지로 회사도 얼마나 돈을 벌어서 무엇에 쓰고 얼마가 남았는지를 기록한다. 이 서류는 회사의 경영자뿐만 아니라 직원과 주주(투자자)도 열람할 수 있다. **경영자나 투자자는 이러한 재무제표를 해당 회사와 같은 업종의 경쟁사를 비교하는 등 여러 분석을 위해 활용한다.**

재무제표로 경영 상태를 파악한다

회사의 경영 상황을 파악하고, 미연에 문제를 방지하는 데 재무제표를 효과적으로 활용한다면 회사의 경영은 한층 안정화될 것이다.

154

회사의 가계부를 나타내는 서류는 재무제표뿐만이 아니다. 계산서류도 있다. **재무제표란 주로 주식이 상장된 기업이 재무 보고를 위해 만드는 서류인 한편, 계산서류는 상법에 따라 엄격한 규제하에 작성되는 서류를 말한다.** 두 가지 내용은 거의 비슷하지만 재무제표에는 대차대조표, 손익계산서 그리고 현금 흐름표가 포함되어 있다.

재무제표의 종류

상품의 기획과 판매를 주로 하고 있어요.

최근 상장되었으니 재무제표를 작성합시다.

◉ 대차대조표

현재의 자본과 부채가 얼마나 되는지를 보여주는 표.

지난달은 지출이 많았어.

음, 어디 보자.

◉ 손익계산서

1년 동안의 이익과 손실을 기록한 문서.

앗, 돈 벌었어!

하, 올해는 적자군.

◉ 현금 흐름표

어떤 원인으로 돈이 늘어나고 줄었는지를 보여주는 표.

지출이 멈추질 않아.

09

투자를 위해 알아야 할 돈의 구조

현금 흐름이란 무엇인가?

수익이나 손실이라는 단어는 알고 있어도 현금 흐름이 무엇인지 쉽게 떠올리는 사람은 드물다.

현금 흐름은 돈의 출입을 뜻한다. 예를 들어 서점에서 새로운 만화책을 매입하면 대금을 지불해야 한다. 그리고 매입한 만화책을 판매해서 고객이 구입하면 서점에 돈이 들어온다. 이 서점에 들어오는 돈과 지출된 돈의 차액 흐름을 현금 흐름이라고 한다.

현금 흐름이란?

현금 흐름의 수지가 마이너스라면 돈이 줄어들었음을 의미한다. 마이너스가 계속되면 회사의 자금이 없어지고, 더 이상 지불할 능력이 없다면 파산에 이르게 된다. 따라서 **회사는 수중의 자금이 모자라지 않도록 현금 흐름을 파악해둘 필요가 있다.** 재무제표에는 현금 흐름표가 있는데, 대부분의 회사가 현금 흐름을 정리하고 있다.

회사는 여유 자금을 확보해야 한다

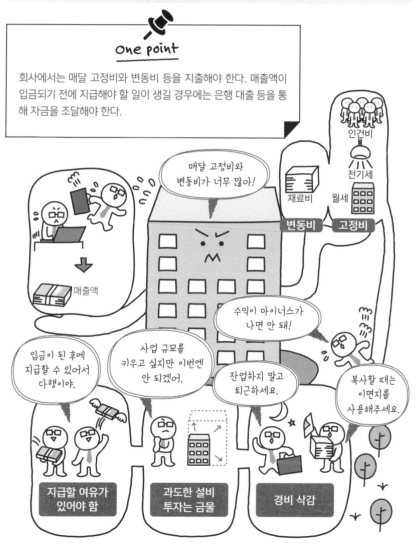

One point

회사에서는 매달 고정비와 변동비 등을 지출해야 한다. 매출액이 입금되기 전에 지급해야 할 일이 생길 경우에는 은행 대출 등을 통해 자금을 조달해야 한다.

자기자본과 타인자본이란?

'자기자본'과 '타인자본'은 금융 및 투자 세계에서 널리 쓰이는 말이다. 차이점을 살펴보자.

회사를 설립하고 사업을 하려면 돈이 필요하다. 이 돈을 자본이라고 부르는데, 자본에는 두 가지 종류가 있다. 바로 **자기자본**과 **타인자본**이다. **자기자본에는 말 그대로 회사의 주주가 낸 돈과 회사가 벌어들인 이익이 포함된다.** 즉, 누군가에게 갚지 않아도 되는 돈이다. 한편, **타인자본은 은행 등 다른 주체로부터 빌린 돈을 말한다.** 언젠가 갚아야 할 돈인 셈이다.

자기자본과 타인자본의 차이

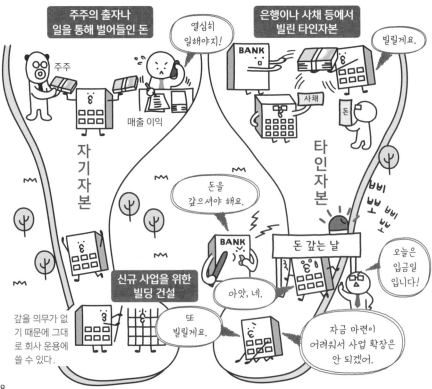

예를 들어 총자본이 100억 원, 자기자본이 70억 원, 타인자본이 30억 원인 A사와 총자본이 100억 원, 자기자본이 30억 원, 타인자본이 70억 원인 B사가 있다고 하자. 이 두 회사 중에서 경영이 안정된 회사는 당연히 A사다. 총자본 대비 자기자본 비율을 자기자본비율이라고 하는데, **자기자본비율이 클수록 경영이 안정적이고 대출도 쉽게 받을 수 있다.**

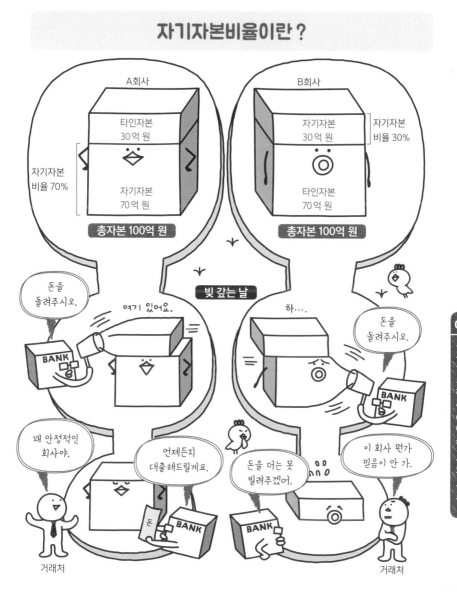

자기자본비율이란?

자사주 매입이란?

돈 공부 ⑨
05

주가를 상승시키는 요인에는 여러 가지가 있는데, 그중 회사가 이익을 높이기 위해 자사주를 매입하는 방식도 있다.

자사주 매입은 말 그대로 기업이 자기 회사의 주식을 매입하는 것이다. 자사주 매입은 주로 주주에 대한 이익 환원을 목적으로 한다. 자사 주식의 가격이 떨어져 있거나 정체된 경우, 기업이 자사주를 매입하면 실제 발행된 주식의 수가 감소한다. 즉, **주식을 감소시켜서 주가를 올리는 것이다.**

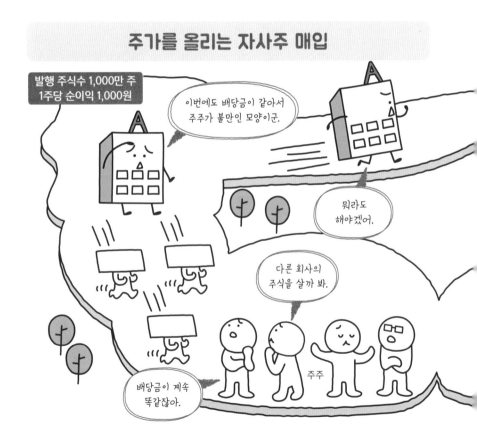

주가를 올리는 자사주 매입

발행 주식수 1,000만 주
1주당 순이익 1,000원

이번에도 배당금이 같아서 주주가 불만인 모양이군.

뭐라도 해야겠어.

다른 회사의 주식을 살까 봐.

배당금이 계속 똑같잖아.

주주

총 발행한 주식이 1,000만 주에 주가가 1,000원일 경우, 이 회사의 기업 가치는 100억 원이다. 여기에 자사주 매입으로 100만 주를 매입 소각하면 시장에 유통되는 주식 수는 900만 주로 감소한다. 그러면 1주당 이론 주가는 '100억÷900만 주=111억'이 되므로 주가가 상승하게 된다. 이렇게 **정기적으로 자사주를 매입하는 기업은 투자자에게도 인기가 많다.**

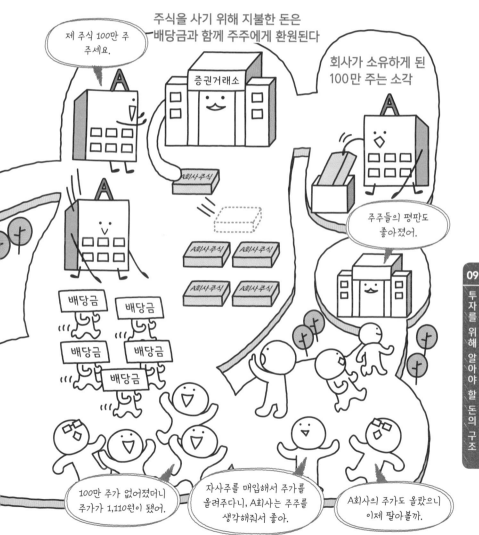

돈 공부 ❾
06

스톡옵션이란?

스톡옵션 제도에 대해 알고 있는가? 들어본 적은 있지만 구체적으로 아는 사람은 거의 없을 것이다.

회사에서 받는 보수는 월급뿐이라고 생각하기가 쉽다. 그러나 최근 **스톡옵션** 제도를 도입해 월급 이외의 부수적인 수익을 보장해주면서 직원의 의욕을 끌어내기 위한 대책을 마련하는 회사들이 많아졌다. 스톡옵션이란 **직원에게 미리 정해진 가격으로 주식을 살 수 있는 권리를 주는 제도**로, 직원들은 자사주를 시장 가격보다 저렴하게 구입할 수 있다.

스톡옵션 제도로 직원의 사기 충전

이번 달, 월급 받으시고, 다음 달도 힘내봅시다!

월급과 별도로 스톡옵션을 줄 테니 다음 달은 더 분발합시다.

A회사

B회사
(스톡옵션 도입)

매달 똑같은 월급을 주면서 열심히 하라니.

시장보다 싸게 주식을 사서 비싸게 매각하면 되겠어!

스톡옵션 제도를 도입한 A회사가 직원들에게 3년 동안 자사주를 1,000원에 100주까지 구입할 수 있게 하겠다고 제안한다면 과연 어떻게 될까? 주식 구매 후 A사의 주가가 2,000원이 되었을 때 매각한다면 한 주당 1,000원의 이익을 얻을 수 있다. **스톡옵션은 어디까지나 자유롭게 주식을 구입할 수 있는 권리이므로 사든 사지 않든 직원이 결정하면 된다.**

아무도 손해 보지 않는 스톡옵션

열심히 일하면 스톡옵션으로 자사 주식을 1,000원에 100주까지 살 권리를 드려요.

직원

열심히 일해서 스톡옵션을 받아야지.

1,000원에 100주를 사서 팔면 10만 원이나 이익이 생기는 걸.

몇 년 후

one point
아무리 주가가 하락해도 스톡옵션 권리는 언제든지 포기할 수 있으므로 스톡옵션 부여 대상자가 손해 볼 일은 없다.

증권거래소

월급

주가가 오를 때까지 조금 더 기다려야지.

변하지 않는 주가

지금 스톡옵션을 쓰기엔 아까워.

주식 1주당 2,000원으로 상승

돈 공부 ⑨

07

IPO란 무엇인가?

어떤 주식이 오를지 분석하는 데에는 시간과 노력이 필요하다. 이때 기업의 경영과 주식을 공개하는 IPO 투자는 투자자에게 인기가 높다.

IPO(**기업공개**)는 'Initial Public Offering'의 약자로, 증권거래소에서 새로 상장한 기업이 발행하는 주식을 말한다. 기업은 증권거래소에 상장한 뒤 IPO를 통해 새로운 자금을 확보한다. 한편, 투자자는 향후 성장 가능성이 있는 기업에 투자한다. **새로 상장된 기업이 강세를 보이면 투자자들이 대거 몰리면서 주가가 오를 확률이 높아지게 된다.**

투자자가 주목하는 IPO

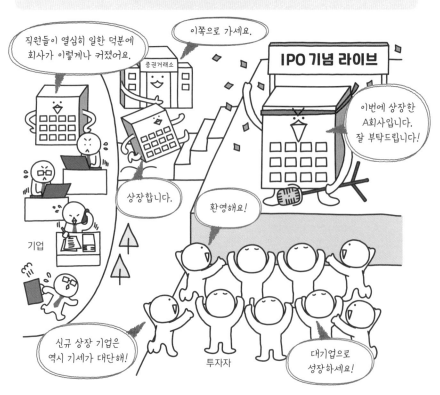

IPO의 매력은 **공모가와 시초가의 차이**에 있다. 공모가란 증권회사가 최초 투자자에게 제시하는 주식의 가격이다. 투자자는 IPO의 청약을 신청한 뒤 납입한 청약증거금과 경쟁률에 따라 주식을 배정받아 공모가로 구매할 수 있다. 상장 뒤에 시초가가 형성되고, 공모가보다 시초가가 높으면 이익을 얻을 수 있는 것이다. 단, 시초가가 공모가보다 떨어지는 경우도 있기 때문에 주의가 필요하다.

IPO 심사 승인에서 시초가로 이익을 얻기까지의 흐름

돈공부 ❾

08

M&A란?

회사가 사업을 확장하거나 경영난을 극복하기 위한 방법의 하나로 합병 및 인수가 있다.

M&A(Mergers & Acquisitions)란 합병과 인수를 의미한다. 합병은 A사와 B사가 통합해 자회사의 주식을 소유하는 지주회사를 설립하는 것이 일반적이다. 만약 A사가 상장사라면 B사의 지분을 사들여 경영권을 취득함으로써 인수한다. **매입된 B사는 소멸되지 않고 그대로 사업을 계속하는 경우가 많다.**

합병과 인수의 차이

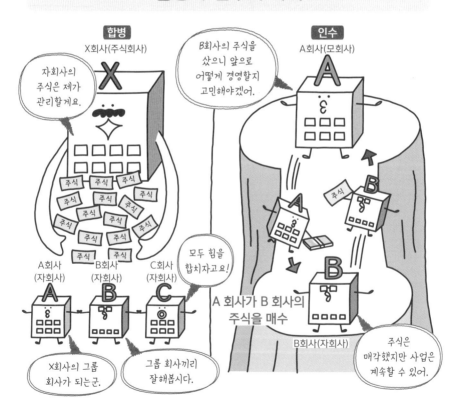

M&A의 목적에는 여러 가지가 있는데 그중에서도 사업에 필요한 인력, 물건, 정보를 신속하게 확보하기 위한 것이 가장 크다. 사업의 규모를 확장하거나 신규 사업을 추진할 경우, 처음부터 회사를 설립하는 것보다 돈과 시간이 적게 든다는 장점이 있다. 하지만 단점도 있다. **다른 회사끼리 통합하기 때문에 근무 환경이 맞지 않아 직원이 퇴사하거나 정리해고를 해야 하는 상황이 발생하기도 한다.**

M&A의 좋은 점과 나쁜 점

167

P2P 투자, 편리함과
위험성이라는 동전의 양면

우리나라는 IT 강국답게 인터넷과 스마트폰을 기반으로 한 투자 플랫폼이 잘 갖춰져 있다. 특히 P2P 투자(돈을 빌리고자 하는 사람과 돈을 빌려주려는 사람을 연결하는 시스템)이 발달되어 있다.

P2P에서 P는 peer로서 동료를 뜻한다. 즉, P2P는 동료와 동료를 연결시키면서 기존 '은행'의 역할을 대신하는 시스템이라고 보면 된다. 은행이 예금자들로부터 돈을 모아 돈을 빌리고자 하는 사람에게 빌려주고 이자를 받는 비즈니스를 하는 것과 마찬가지로 P2P는 돈을 필요로 하는 사람과 돈을 맡기고 이자를 받고자 하는 사람을 연결시킨다.

은행과의 차이점은 은행에 예금하면 예금자 보호법을 통해 5,000만 원까지 원금과 이자를 보호받을 수 있지만 P2P는 이러한 예금자 보호가 적용되지 않는다는 것이다. P2P는 소액으로 투자할 수 있고 은행보다 높은 수익을 기대할 수 있다는 장점이 있는 반면, 원금 보장이 되지 않아 위험할 수 있다는 단점이 동시에 존재한다. P2P의 이와 같은 양면성은 'High risk, high return'으로 요약된다.

현대사회에서의
돈의 역할

비즈니스 세계에서 수익을 창출하는 방법과 돈 버는 기술은
끊임없이 변화해 왔다. 이 책의 마지막 장은 오늘날 기업에서 활용하는
비즈니스에 대한 이해를 도울 것이다.

앱 게임은 어떻게 무료로 운영되는 것일까?

돈 공부 ⑩

01

남녀노소 누구나 즐길 수 있는 앱 게임. 대부분 무료로 서비스를 이용할 수 있는데, 어떤 운영 방식을 취하는지 살펴보자.

스마트폰의 보급에 따라 앱 게임이 폭발적인 인기를 얻고 있다. 앱 게임은 대부분 게임 그 자체에는 가격이 정해져 있지 않고 기본 이용료가 없다. 그렇다면 어떻게 이익을 낼 수 있는 것일까. 그 비밀은 사용자들이 게임 내에서 필요한 아이템을 구입하도록 하는 **부분유료화**에 있다. 특히 **루트박스 또는 랜덤박스**라고 불리는 과금 체계 시스템이 주요 수입원이 된다.

지금까지의 게임과 다른 점은?

Before

신작

20,000원으로는 새 게임을 살 수 없어….

현물 패키지를 구입할 때 돈을 내고, 그 이후에는 추가 요금이 없다.

Now

굳이 사지 않아도 스마트폰으로 무료 게임을 즐길 수 있지.

게임 자체는 무료지만 필요에 따라 추가 요금을 지불한다.

루트박스(랜덤박스)란 일정 금액의 전자화폐를 지불해 게임 내의 아이템을 무작위로 취득하는 서비스를 말한다. 이것을 이용하는 일부 사용자의 사용료로 수익을 확보하는 구조를 <u>프리미엄</u>이라고 부른다. **디지털 콘텐츠는 수정과 복제가 용이하고 많은 사용자가 사용하는 SNS를 통해서 광고비를 들이지 않고 확산시킬 수 있다**는 장점이 있다.

유료 회원의 사용료로 수익을 내는 디지털 콘텐츠

이벤트 캐릭터가 나올 때까지 300번만 눌러봐야지! 15만 원 결제 완료!

무료로도 충분히 이용할 수 있는데….

일부 유료 사용자

대부분의 사용자

One point

프리미엄이란, 일반 사용자는 기본 서비스를 무료로 이용하고, 소수 사용자에게 고급 서비스를 유료(프리미엄)로 제공하여 수익을 올리는 전략이다.

❶비용이 저렴하다

디지털 콘텐츠는 공장이나 창고 등이 필요 없고 튼튼한 하드 디스크만 있으면 된다.

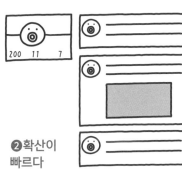

❷확산이 빠르다

서비스와 사용자도 SNS와 연동되어 있는 경우 빠르게 확산한다.

넷플릭스는 왜 오리지널 영화나 드라마를 만들까?

돈 공부⑩
02

넷플릭스는 기존의 영화 작품을 배급할 뿐만 아니라 자사 오리지널 영화와 드라마를 만든다. 그 이유를 알아보자.

넷플릭스(Netflix)를 비롯해 왓차(Watcha), 아마존 프라임(Amazon Prime) 등 정액제 동영상 수신 서비스가 유행하고 있다. 대금을 지불하고 영화 DVD나 음악 CD 등의 '유형물'을 구입하는 기존의 서비스에서 매월 일정 금액을 지불하면 자신이 원하는 장소에서 좋아하는 영화나 음악을 실컷 즐길 수 있는 '체험'을 구입하는 서비스로 변모하는 것이다. 이런 비즈니스 모델을 구독 경제라고 한다.

언제 어디서나 즐길 수 있다!

집에서 컴퓨터로

출근길에 스마트폰으로

One point
특정 기기뿐만 아니라 인터넷 접속이 가능한 모든 장소에서 로그인을 통해 서비스를 체험할 수 있다.

친구 집에서도

구독 경제에서 가장 중요한 것은 들어오기 쉽지만 나가기는 어려운 구조를 만드는 것이다. 즉, **폭넓은 요금제로 많은 고객을 확보하는 동시에, 해당 서비스만의 독특한 기능이나 품질로 고객 이탈을 방지하는 것이 중요하다.** 넷플릭스가 오리지널 콘텐츠를 만드는 것도 이 때문이다.

압도적인 넷플릭스의 서비스

나는 UHD 화질로 4K 동영상을 보는 편이라 제일 비싼 요금제로 할래.

폭넓은 가격의 선택지

베이직   프리미엄

스탠다드

출근길에 스마트폰으로만 이용할 테니 제일 저렴한 요금으로 해야지.

거실 TV는 가족 모두가 사용하니까 2명까지 동시 접속할 수 있는 요금제가 좋겠어.

고화질 오리지널 콘텐츠

우리 가게는 미슐랭에서 인정받은 독자적인 음식만을 제공합니다.

뭔가 대단한 포스가 느껴져.

미슐랭 ★★★

One point

넷플릭스는 양질의 오리지널 콘텐츠를 제공하기 위해 연간 10조 원이 넘는 예산을 투입한다. 그 결과 에미상(미국의 영화 아카데미 상과 비견되는 TV 방송상)을 다른 방송사와 동일한 실적으로 수상하기도 했다.

아마존은 불량 재고로 적자가 발생하지 않는가?

인기 상품에서 비인기 상품까지 모두 갖춘 아마존. 왜 팔리지 않는 제품까지 취급하는 것일까?

없는 것이 없다고 하는 세계 최대의 온라인 판매 사이트 아마존(Amazon). 실제 점포에서는 취급하기 어려운 수많은 상품을 갖추고 있는데, 그 비결은 거대한 물류 창고를 소유한 것에 있다. 인기 상품이 아닌 비인기 상품도 폭넓게 판매하는 아마존의 비즈니스 모델을 **롱테일**이라고 한다. 아마존 **매출의 절반 이상은 이렇게 가득 쌓여 있는 비인기 상품에서 나온다.**

비인기 상품을 취급해서 이익을 내는 롱테일 전략

전체의 20%를 차지하는 인기 상품이나 신제품

전체의 80%를 차지하는 잘 팔리지 않는 비인기 상품

매출(세로축)

상품의 종류 (가로축)

사람들이 '아마존에는 뭐든지 당연히 있을 것'이라고 믿고 아마존을 찾게 하는 또 하나의 요인은 **마켓 플레이스**이다. **이는 자기 점포를 가진 개인사업자가 아마존에 자유롭게 출품할 수 있는 시스템이다.** 아마존은 이를 통해 틈새 상품까지 취급할 수 있고, 개인사업자는 팔리지 않던 상품을 판매할 곳이 생겼으니 모두가 이익을 얻는 윈윈 관계가 형성된 것이다.

특이한 상품들이 모여 있는 마켓 플레이스

One point

아마존의 또 하나의 강점은 빠른 배송이다. 각 지역의 거대한 물류 창고에서 구매 후 하루이틀 만에 배송할 수 있게 한 것도 사람들의 마음을 움직였다.

개인사업자가 자기 점포에서 팔다 남은 상품을 아마존에 출품하는 거지.

마켓 플레이스

마켓 플레이스

진열할 수 없는 상품까지 팔려서 정말 다행이야.

개인사업자

인터넷이
비즈니스 모델을 바꾸다

현대 사회는 스마트폰뿐만 아니라 모든 전자 제품과 인프라가 디지털화되고 있다. 이제 인터넷은 일상생활에서 빼놓을 수 없는 것이 되었고, 단 한 번의 쇼핑도 인터넷에서 하려는 사람이 폭발적으로 늘어나고 있다.

사용자들이 인터넷을 사용하면 로그라는 방대한 데이터가 남는데, 이전까지는 저장 기술이 부족하고 해석 기술도 없었기 때문에 그대로 버려졌다. 그러나 저장 용량이 증가하고 보존 기술이 향상되면서 소비자의 동향 등 유익한 정보를 수집할 수 있게 되었다. 이렇게 축적된 방대한 데이터를 '빅데이터'라고 부르는데, 앞으로 해석이 더 진행된다면 틀림없이 새로운 비즈니스와 서비스가 탄생할 것이다.

하지만 인터넷에서의 비즈니스는 개인 정보의 유출이나 부당한 청구 등 각종 문제가 발생하기도 하므로 보안이 완벽하다고 보기는 어렵다. 인터넷이 보다 안전한 수단으로 사용되기까지는 시간이 더 필요해 보인다.

◉ 참고 문헌 (모두 국내 미출간)

《경제용어사전》, 고미네 타카오 지음, 도요게에자이신보샤, 2007

《이케가미 아키라의 처음 배우는 돈의 교과서》, 이케가미 아키라 지음, 겐토샤, 2018

《일러스트로 배우는 경제 용어 사전》, 미즈노 토시야 지음, 타카라지마 출판사, 2016

《재미를 느끼면 쉽게 이해되는 최신 경제의 구조》, 가미키 헤이스케 지음, 일본문예사, 2012

《절약·저축·투자 전에 기억해야 할 돈의 기본서》, 이즈미 미치코 감수, 사카모토 아야코 지음, 아사히 신문출판, 2018

《칼 교수의 금융·파이낸스 집중강의》, 히라노 아쓰시 칼 지음, 아사히 신문출판, 2016

경제와 재테크의 훌륭한 입문서

2020년 가을, 엔터테인먼트 기업인 빅히트가 주식시장에 상장하면서 웃고 넘어가기에는 씁쓸한 일들이 많았다. 30만 원 넘게 형성되었던 주식 가격이 1주일도 되지 않아 20만 원 밑으로 내려가자 '환불 안 돼요?' '위로금 안 주시나요?' 등등의 글들이 올라왔다. 투자의 기본 원리와 위험성에 대해 미리 따져봐야 하는데, 요새 BTS 인기 좋으니까 사두면 무조건 오르겠지 하는 장밋빛 환상만으로 누구는 결혼 자금을, 전세 자금을 털어서 주식을 샀던 것이다. 물론 주식은 환불이 가능하다. 단, 현재 시세로 환불받는다.

재테크를 하고자 할 때 알아두어야 할 것이 많다. 상품 자체의 지식에 더해 경제의 원리에 대해서도 어느 정도 기초 지식이 있어야 한다. 달러화 가치 또는 기준 금리가 오르고 내리는 것에 따라 투자 결과가 달라지기 때문이다. 이 책《세상에서 가장 빠른 돈 공부》는 경제 지식과 재테크 상품 지식이라는 두 마리 토끼를 한꺼번에 잡도록 해준다. 게다가 아주 쉽고 재미있다. 쉬운 내용을 쉽게 풀어주는 것은 쉽다. 어려운 내용을 어렵게 풀어내는 것도 쉽다. 어려운 내용을 쉽게 풀어주는 것이 어려운 것인데, 이 책은 그 어려운 것을 해내 버리고 말았다.

이 책은 경제 지식과 재테크의 입문서로서 어렵고 딱딱한 지식들을 재미와 흥미로 바꾸어 당신에게 전달해줄 것이다. 이 책을 통해 어렵고 무서운 재테크에 무사히 입문해보기 바란다.

코칭컴퍼니 대표 우용표

세상에서 가장 빠른 돈 공부

1페이지로 보는 돈의 흐름을 꿰뚫는 법

초판 1쇄 인쇄 2020년 11월 10일 초판 1쇄 발행 2020년 11월 20일

글·그림 보도사 편집부
감수 이토 료타
국내 감수 우용표
옮긴이 정소영
펴낸이 연준혁

출판부문장 이승현
편집 1본부 본부장 배민수
편집 5부서 부서장 김문주
편집 이유진, 김숙영
디자인 urbook

펴낸곳 ㈜위즈덤하우스 출판등록 2000년 5월 23일 제13-1071호
주소 경기도 고양시 일산동구 정발산로 43-20 센트럴프라자 6층
전화 031)936-4000 팩스 031)903-3893 홈페이지 www.wisdomhouse.co.kr

ⓒ 이토 료타, 2020

ISBN 979-11-91119-57-2 03300

이 도서의 국립중앙도서관 출판예정도서목록(CIP)은 서지정보유통지원시스템
홈페이지(http://seoji.nl.go.kr)와 국가자료종합목록시스템(http://www.nl.go.kr/
kolisnet)에서 이용하실 수 있습니다. (CIP제어번호: CIP2020045583)